神奇的馅饼食谱

100 种可在家制作的美味、香草、水果和辣味馅饼

兵 吴

版权材料 ©2023

版权所有

未经出版商和版权所有者的适当书面同意,不得以任何形式或任何方式使用或传播本书的任何部分,评论中使用的简短引用除外。本书不应被视为医学、法律或其他专业建议的替代品。

目录

目录	3
简介	9
基本食谱	**10**
1. 馅饼屑	11
2. 馅饼屑糖霜	13
3. 巧克力皮	16
4. 低脂馅饼皮	18
5. 全麦面包皮	20
6. 母面团	22
奶油馅饼	**24**
7. 迷你草莓奶油馅饼	25
8. 巧克力奶油派	27
9. 香蕉奶油派	31
10. 麦片牛奶冰淇淋派	35
11. PB 和 J 派	37
12. 香蕉奶油派	39
13. 布朗尼派	42
14. 蚱蜢派	45
15. 金发女郎派	48

16. 棒棒糖派 51

17. 柠檬酥皮-开心果派 54

18. 裂纹派 57

19. 甜玉米麦片牛奶冰淇淋派 61

20. 奶油乳清干酪派 63

21. 腰果香蕉奶油派 65

22. 花生酱——冰淇淋派 68

23. 波士顿奶油派 70

手抓饼 72

24. 羊肚菌手馅饼 73

25. 蓝莓手馅饼 76

26. 草莓手抓饼 78

27. 苹果手馅饼 81

水果馅饼 84

28. 酸橙派 85

29. 煎锅苹果派 88

30. 蓝莓大黄派 90

31. 苹果派 93

32. 无麸质简易椰子派 96

33. 葡萄柚派 98

34. 蔓越莓派 100

35. 桃酥饼 102

36. 草莓云派　　　　　　　　　　　　　105

37. 免烤新鲜水果派　　　　　　　　　108

38. 香蕉芒果派　　　　　　　　　　　110

39. 草莓奶油派　　　　　　　　　　　112

40. 苹果酥皮派　　　　　　　　　　　114

41. 切达碎苹果派　　　　　　　　　　116

蔬菜馅饼　　　　　　　　　　　　　118

42. 蛋白杏仁饼干顶大黄　　　　　　　119

43. 矿工馅饼　　　　　　　　　　　　122

44. 大黄派　　　　　　　　　　　　　125

45. 红薯饼　　　　　　　　　　　　　128

46. 南瓜派　　　　　　　　　　　　　130

47. 南方红薯饼　　　　　　　　　　　132

48. 意大利洋蓟派　　　　　　　　　　134

49. 乡村小屋馅饼　　　　　　　　　　137

50. 鸡肉韭菜蘑菇派　　　　　　　　　140

51. 带有一点朗姆酒的南瓜派　　　　　143

52. 绿番茄派　　　　　　　　　　　　146

53. 芦笋派　　　　　　　　　　　　　148

坚果派　　　　　　　　　　　　　　150

54. 山核桃派　　　　　　　　　　　　151

55. 白巧克力榛子派　　　　　　　　　154

56. 无麸质简易椰子派　　　　　　　　157

57. 黑核桃燕麦饼　　　　　　　　　　159

58. 橡子派　　　　　　　　　　　　　161

59. 杏仁蛋白杏仁饼干樱桃派　　　　　163

60. 苦杏酒巧克力片派　　　　　　　　166

61. 士力架派　　　　　　　　　　　　168

62. 樱桃榛子脆饼　　　　　　　　　　170

香草和花卉馅饼　　　　　　　　　　173

63. 巧克力薄荷浓缩咖啡派　　　　　　174

64. 迷迭香、香肠和奶酪馅饼　　　　　177

65. 柠檬三色堇派　　　　　　　　　　180

肉和鸡肉馅饼　　　　　　　　　　　183

66. 鸡蛋早餐馅饼　　　　　　　　　　184

67. 奶酪和香肠馅饼　　　　　　　　　187

68. 迷迭香、鸡肉香肠馅饼　　　　　　189

69. 鸡肉派　　　　　　　　　　　　　191

70. 驼鹿派　　　　　　　　　　　　　194

谷物和面食馅饼　　　　　　　　　　197

71. 不那么老土的玉米粽子派　　　　　198

72. S意大利面条肉丸派　　　　　　　201

73. 芝麻菠菜面饼　　　　　　　　　　203

74. 意大利面条馅饼　　　　　　　　　　205

75. 玉米派　　　　　　　　　　　　　　208

辣馅饼　　　　　　　　　　　　　　**210**

76. 老式焦糖派　　　　　　　　　　　　211

77. 肉桂糖苹果派　　　　　　　　　　　213

78. 脏煎锅咸焦糖苹果派　　　　　　　　216

79. 蛋酒冻糕派　　　　　　　　　　　　220

80. 南瓜香料提拉米苏派　　　　　　　　222

81. 肉桂面包派　　　　　　　　　　　　225

82. 燕麦肉桂冰淇淋　　　　　　　　　　228

83. 苦杏酒椰子派　　　　　　　　　　　230

84. 阿米什蛋奶派　　　　　　　　　　　232

百日咳派　　　　　　　　　　　　　**234**

85. 提拉米苏百日咳派　　　　　　　　　235

86. 糖蜜百日咳派　　　　　　　　　　　238

87. 燕麦百日咳派　　　　　　　　　　　241

锅馅饼　　　　　　　　　　　　　　**244**

88. 蘑菇小牛肉馅饼　　　　　　　　　　245

89. 切达鸡肉馅饼　　　　　　　　　　　249

90. 农家猪肉锅饼　　　　　　　　　　　252

91. 龙虾馅饼　　　　　　　　　　　　　255

92. 牛排锅派	258
93. 亚洲鸡肉馅饼	260

肉馅饼 　　　　　　　　　　　　　　　　　263

94. 百利甜馅饼	264
95. 苹果肉馅饼	267
96. 苹果糖粉奶油细末肉馅饼	269
97. 蔓越莓肉馅饼	271
98. 柠檬肉馅饼	273
99. 果园肉馅饼	276
100. 酸奶油肉馅饼	278

结论 　　　　　　　　　　　　　　　　　　280

介绍

从苹果派等经典到摩卡丝派等新宠,这份最佳派食谱清单适合每个人。对于那些不擅长烘焙的人来说,甚至还有免烘焙选项。当然,对于其中许多食谱,您可以选择压入式饼干皮、全黄油馅饼皮或酥皮糕点。当所有其他方法都失败时,只需拿起商店购买的外壳即可。商店买的捷径没有什么问题,而且在制作柠檬酥皮派时它会为你节省大量时间!但无论您选择哪种馅饼食谱,请不要忘记挖出一勺冰淇淋或生奶油作为配料!

基本食谱

1. 馅饼屑

重量约为 350 G（2/4 杯）

原料：

1. 240 克面粉 [1½ 杯]
2. 18 克 糖 [2 汤匙]
3. 3 克 粗盐 [3/4 茶匙]
4. 115 克 黄油，融化 [8 汤匙（1 棒）]
5. 20 克水 [1½ 汤匙]

路线

a) 将烤箱加热至 350°F。

b) 将面粉、糖和盐放入装有桨叶附件的立式搅拌机的碗中，低速搅拌直至充分混合。

c) 加入黄油和水，低速搅拌，直到混合物开始聚集成小簇。

d) 将簇铺在衬有羊皮纸或锡纸的平底锅上。烘烤 25 分钟，偶尔将它们打碎。面包屑应该是金棕色的，并且此时摸起来仍然稍微湿润；当它们冷却时，它们会变干并变硬。

e) 使用前让面包屑完全冷却。

2. 馅饼屑糖霜

可制作约 220 克（3/4 杯），或足以制作 2 个苹果派层蛋糕

原料：
- ½ 份馅饼屑
- 110 克 牛奶 [½ 杯]
- 2 克 粗盐 [½ 茶匙]
- 40 克 黄油，室温 [3 汤匙]
- 40 克 糖 [¼ 杯]

路线

a) 将馅饼屑、牛奶和盐放入搅拌机中混合，将速度调至中高，搅拌至光滑均匀。这将需要 1 到 3 分钟（取决于您的搅拌机的性能）。如果混合物没有粘在搅拌机刀片上，请关闭搅拌机，拿一小茶匙，刮下罐子的侧面，记住要刮到刀片下，然后再试一次。

b) 将黄油和糖粉放入配有桨叶附件的立式搅拌机的碗中，将奶油与中高搅拌 2 至 3 分钟，直至蓬松且呈淡黄色。用抹刀刮掉碗的侧面。

c) 低速搅拌搅拌机中的内容物。1 分钟后，将速度调至中高，让她再撕裂 2 分钟。刮掉碗的两侧。如果混合物的颜色不均匀、非常苍白、几乎没有棕褐色，请再次刮擦碗并再高速搅拌一分钟。

d) 立即使用糖霜，或将其存放在冰箱的密封容器中最多 1 周。

3. 巧克力皮

制作 1 个（10 英寸）馅饼皮

原料：
- 3/4 份巧克力屑 [260 克（1 3/4 杯）]
- 8 克 糖 [2 茶匙]
- 0.5 克粗盐 [⅛ 茶匙]
- 14 克 黄油，融化，或根据需要 [1 汤匙]

路线

a) 将巧克力屑放入食品加工机中搅拌，直至呈沙状且没有大块残留。

b) 将沙子转移到碗中，然后用手与糖和盐一起搅拌。加入融化的黄油，将其揉入沙子中，直至其湿润，可以揉成球状。如果不够湿润，请另外融化 14 克（1 汤匙）黄油并揉捏。

c) 将混合物转移到 10 英寸的馅饼罐中。用手指和手掌将巧克力皮用力压入罐中，确保馅饼罐的底部和侧面均匀覆盖。用保鲜膜包裹外皮，可在室温下保存长达 5 天，或在冰箱中保存 2 周。

4. 低脂馅饼皮

原料：

- 80 毫升（⅓ 杯）菜籽油
- 160 克（1⅓ 杯）面粉
- 2 汤匙（30 毫升）冷水

路线

a) 在面粉中加入油，用叉子搅拌均匀。撒上水并搅拌均匀。用手将面团压成球状并压平。在两片蜡纸之间滚动。

b) 取下最上面的一张蜡纸，翻转到馅饼盘上，然后取下另一张蜡纸。压入到位。

c) 对于不需要烘烤馅料的馅饼，请在 400°F（200°C，或气体标记 6）下烘烤 12 至 15 分钟，或直至呈浅棕色。

5. 全麦面包皮

约 340 G（2 杯）

原料：
- 190 克全麦饼干屑[1½ 杯]
- 20 克奶粉 [¼ 杯]
- 25 克 糖 [2 汤匙]
- 3 克 粗盐 [3/4 茶匙]
- 55 克黄油，融化，或根据需要 [4 汤匙（½ 棒）]
- 55 克 浓奶油 [¼ 杯]

路线

a) 用手将全麦面包屑、奶粉、糖和盐放入一个中等大小的碗中，使干成分均匀分布。

b) 将黄油和浓奶油搅拌在一起。

c) 添加到干成分中并再次搅拌以均匀分布。

d) 黄油将起到胶水的作用，粘附在干燥的成分上，并将混合物变成一堆小簇。如果紧紧挤压在手掌上，混合物应该保持其形状。如果不够湿润，请另外融化 14 至 25 克（1 至 1½ 汤匙）黄油并混合。

6. 母面团

重量约为 850 克（2 磅）

原料：
- 550 克面粉 [3½ 杯]
- 12 克 粗盐 [1 汤匙]
- 3.5 克活性干酵母 [½ 包或 1⅛ 茶匙]
- 370 克水，室温 [1⁄4 杯]

路线
a) 混合成面团

奶油馅饼

7. 迷你草莓奶油馅饼

份量： 2份

原料：
- 3汤匙奶油，重的
- 1个蛋清，用于刷牙
- 1 馅饼面团
- 2汤匙杏仁
- 1 杯草莓，切片

指示：

a) 将面团压扁，切成3英寸的圆形。

b) 将草莓、杏仁和奶油铺在面团中央。

c) 在边缘刷上蛋清，然后在上面放上另一个面团。

d) 用叉子按压边缘。

e) 空气炸锅360度10分钟。

8. 巧克力奶油馅饼

份量：7 份

原料：

山核桃馅饼皮（制作 1 个馅饼皮）：

- 1 杯 通用面粉
- 1 杯切碎的山核桃
- 4 盎司 融化的黄油

蛋奶冻馅料（制作 1 个馅饼馅料）：

- 1 杯全脂牛奶
- 1 杯半杯
- 1 杯砂糖
- ¼ 杯玉米淀粉
- 3个蛋黄
- 1 个全蛋
- 1 杯 Ghirardelli 60% 可可巧克力片
- 1汤匙香草精

奶油芝士馅料：

- 1 杯 浓奶油
- 8 盎司 奶油干酪
- 1 杯 糖粉

搅打配料：

- 2杯浓奶油
- ½ 杯糖粉

集会：

- 准备好并冷却的馅饼皮

- 3/4杯奶油芝士馅料
- 准备好并冷却的蛋奶冻
- 搅打配料
- 约 2 汤匙切碎的 Ghirardelli 60% 可可巧克力片

指示：

山核桃馅饼皮

a) 用手将所有成分混合。
b) 压入 9 英寸高的壁式馅饼盘中。一定要均匀地按压整个饼盘，特别注意角的厚度。不应有裂纹。
c) 将饼皮在 375 度的温度下烘烤约 15 分钟，并在 10 分钟后检查熟度。
d) 在烤架上冷却至少 45 分钟。

用于蛋奶冻馅料

e) 使用平底锅，将牛奶和一半混合。小火加热直至变热，小心不要烫伤牛奶。
f) 在另一个碗中，将糖和玉米淀粉搅拌在一起。混合后，将蛋黄和全蛋加入玉米淀粉混合物中。
g) 将温热的牛奶/对半混合物调入鸡蛋混合物中。
h) 将混合的**成分**倒入同一个平底锅中，并在整个过程中用中火搅拌。不要走开——继续搅拌。
i) 一旦混合物变稠至布丁稠度，将其从火上移开。最后添加香草精。

j) 将巧克力片放入 2 夸脱的容器中。以 30 秒的间隔加热，间隔期间搅拌，直至融化。将融化的巧克力加入蛋奶冻中，直至充分混合。

k) 用保鲜膜覆盖以避免结皮。冷藏至少 45 分钟直至冷却。

奶油芝士馅料：

l) 使用立式搅拌机，将浓奶油搅打至硬性发泡。搁置。

m) 使用立式搅拌机，搅拌奶油干酪直至软化。慢慢地将糖粉加入奶油干酪中，搅拌至光滑。

n) 将生奶油加入奶油干酪混合物中。混合直至充分混合。

搅打配料：

o) 使用立式搅拌机，将浓奶油搅打至中等峰值。

p) 加入糖并继续搅打直至形成硬峰。不要过度鞭打。

集会：

q) 沿着馅饼皮的底部均匀地涂抹奶油干酪馅料。

r) 用准备好的并冷却的蛋奶冻馅料覆盖奶油干酪馅料。

s) 用搅打过的配料覆盖馅饼。

t) 撒上切碎的巧克力片。

9. 香蕉奶油馅饼

份量：7 份

原料：

山核桃馅饼皮（制作 1 个馅饼皮）：

- 1 杯 通用面粉
- 1 杯切碎的山核桃
- 4 盎司 融化的黄油

蛋奶冻馅料（制作 1 个馅饼馅料）：

- 1 杯全脂牛奶
- 1 杯半杯
- 1 杯砂糖
- ¼ 杯玉米淀粉
- 3个蛋黄
- 1 个全蛋
- 1汤匙香草精

奶油芝士馅料：

- 1 杯 浓奶油
- 8 盎司 奶油干酪
- 1 杯 糖粉

搅打配料：

- 2杯浓奶油
- ½ 杯糖粉

集会：

- 准备好并冷却的馅饼皮
- 3/4杯奶油芝士馅料

- 2 根香蕉斜切
- 准备好并冷却的蛋奶冻
- 搅打配料
- 大约2汤匙切碎的山核桃

指示：

山核桃馅饼皮：

a) 用手将所有成分混合。
b) 压入 9 英寸高的壁式馅饼盘中。一定要均匀地按压整个饼盘，特别注意角的厚度。不应有裂纹。
c) 将饼皮在 375 度的温度下烘烤约 15 分钟，并在 10 分钟后检查熟度。
d) 在烤架上冷却至少 45 分钟。

蛋奶冻馅料：

e) 使用平底锅，将牛奶和一半混合。小火加热直至变热，小心不要烫伤牛奶。
f) 在另一个碗中，将糖和玉米淀粉搅拌在一起。混合后，将蛋黄和全蛋加入玉米淀粉混合物中。
g) 将温热的牛奶/对半混合物调入鸡蛋混合物中。
h) 将混合的**成分**倒入同一个平底锅中，并在整个过程中用中火搅拌。不要走开——继续搅拌。
i) 一旦混合物变稠至布丁稠度，将其从火上移开。最后添加香草精。
j) 用保鲜膜覆盖以避免结皮。冷藏至少 45 分钟直至冷却。

奶油芝士馅料：

k) 使用立式搅拌机，将浓奶油搅打至硬性发泡。搁置。
l) 使用立式搅拌机，搅拌奶油干酪直至软化。慢慢地将糖粉加入奶油干酪中，搅拌至光滑。
m) 将生奶油加入奶油干酪混合物中。混合直至充分混合。

搅打配料：

n) 使用立式搅拌机，将浓奶油搅打至中等峰值。
o) 加入糖并继续搅打直至形成硬峰。不要过度鞭打。

集会：

p) 沿着馅饼皮的底部均匀地涂抹奶油干酪馅料。
q) 将斜切香蕉放在奶油芝士馅料上。
r) 用准备好的并冷却的蛋奶冻馅料覆盖香蕉。
s) 用搅打过的配料和切碎的山核桃盖住馅饼。

10. 谷物牛奶冰淇淋馅饼

制作 1 个（10 英寸）馅饼；供 8 至 10 人食用

原料：
- ½ 份玉米片脆饼 [180 克（2 杯）]
- 25 克 黄油，融化 [2 汤匙]
- 1 份谷物牛奶冰淇淋

路线

a) 用手将玉米片脆片团碎至一半大小。

b) 将融化的黄油倒入碎玉米片中，搅拌均匀。用手指和手掌将混合物用力压入 10 英寸的馅饼罐中，确保馅饼罐的底部和侧面均匀覆盖。用塑料包裹的外壳可以冷冻长达 2 周。

c) 用抹刀将冰淇淋涂抹到馅饼壳上。将馅饼冷冻至少 3 小时，或者直到冰淇淋冻得足够硬，以便馅饼易于切割和食用。用保鲜膜包裹的馅饼可以在冰箱中保存两周。

11. PB 和 J 派

制作 1 个（10 英寸）馅饼；供 8 至 10 人食用

原料：
- 1 份未烘烤的 Ritz Crunch
- 1 份花生酱牛轧糖
- 1 份康科德葡萄冰糕
- ½ 份康科德葡萄酱

路线

a) 将烤箱加热至 275°F。

b) 将 Ritz 脆饼压入 10 英寸的馅饼罐中。用手指和手掌将其压紧，确保均匀且完全地覆盖底部和侧面。

c) 将罐子放在平底锅上，烘烤 20 分钟。丽兹饼皮应该比你开始吃的脆饼稍微更金棕色，黄油味更深一些。将 Ritz 脆饼皮完全冷却；用塑料包裹的外壳可以冷冻长达两周。

d) 将花生酱牛轧糖撒在馅饼皮的底部，然后轻轻地向下压以形成平坦的一层。将这一层冷冻 30 分钟或直至变冷变硬。将冰糕舀到牛轧糖上，并将其铺成均匀的一层。将馅饼放入冰箱 30 分钟到 1 小时，直至冰糕变硬。

e) 将康科德葡萄酱舀到馅饼的顶部，然后快速地将其均匀地铺在冰糕上。

f) 将馅饼放回冰箱，直到准备好切片并食用。用塑料（轻轻地）包裹馅饼，最多可冷冻 1 个月。

12. <u>香蕉奶油馅饼</u>

制作 1 个（10 英寸）馅饼；供 8 至 10 人食用

原料：
- 1 份香蕉奶油
- 1 份巧克力皮
- 1 根香蕉，刚熟，切片

香蕉奶油
- 225克香蕉
- 75 克 浓奶油 [⅓ 杯]
- 55 克 牛奶 [¼ 杯]
- 100 克 糖 [½ 杯]
- 25 克 玉米淀粉 [2 汤匙]
- 2 克 粗盐 [½ 茶匙]
- 3个蛋黄
- 2 片明胶片
- 40 克 黄油 [3 汤匙]
- 25 滴黄色食用色素 [½ 茶匙]
- 160 克 浓奶油 [3/4 杯]
- 160 克 糖 [1 杯]

路线
a) 将一半香蕉奶油倒入馅饼壳中。盖上一层香蕉片，然后用剩余的香蕉奶油覆盖香蕉。馅饼应存放在冰箱中，并在制作后一天内食用。

b) 将香蕉、奶油和牛奶放入搅拌机中混合，打成泥，直至完全光滑。

c) 加入糖、玉米淀粉、盐和蛋黄，继续搅拌直至均匀。将混合物倒入一个中等大小的平底锅中。清洁搅拌机罐。

d) 让明胶绽放。

e) 搅拌锅中的内容物并用中低火加热。当香蕉混合物加热时，它会变稠。煮沸后继续用力搅拌2分钟，以充分煮出淀粉。混合物将类似于浓稠的胶水，与水泥接壤，并且颜色相匹配。

f) 将锅中的内容物倒入搅拌机中。加入盛开的明胶和黄油，搅拌直至混合物光滑均匀。用黄色食用色素将混合物着色，直到变成明亮的卡通香蕉黄色。

g) 将香蕉混合物转移到耐热容器中，放入冰箱 30 到 60 分钟，直至完全冷却。

h) 使用搅拌器或带有搅拌器附件的搅拌机，将奶油和糖粉搅打至中等柔软的峰状。

i) 将冷香蕉混合物加入生奶油中，慢慢搅拌直至颜色均匀且均匀。香蕉奶油存放在密封容器中，可在冰箱中保鲜长达 5 天。

13. 布朗尼派

制作 1 个（10 英寸）馅饼；供 8 至 10 人食用

原料：
- 3/4 份全麦面包皮 [255 克（1½ 杯）]
- 125 克 72% 巧克力 [4½ 盎司]
- 85 克 黄油 [6 汤匙]
- 2 个蛋
- 150 克糖 [3/4 杯]
- 40 克面粉 [¼ 杯]
- 25 克 可可粉
- 2 克 粗盐 [½ 茶匙]
- 110 克 浓奶油 [½ 杯]

路线

a) 将烤箱加热至 350°F。

b) 将 210 克（1/4 杯）全麦饼皮倒入 10 英寸的馅饼罐中，并将剩余的 45 克（1/4 杯）放在一边。用手指和手掌将饼皮用力压入馅饼罐中，完全覆盖锅底和侧面。用塑料包裹的外壳可以冷藏或冷冻长达 2 周。

c) 将巧克力和黄油放入微波炉安全的碗中，轻轻地用低火融化 30 至 50 秒。使用耐热抹刀将它们搅拌在一起，直至混合物有光泽且光滑。

d) 将鸡蛋和糖放入装有搅拌器附件的立式搅拌机的碗中，高速搅拌 3 至 4 分钟，直至混合物蓬松、呈淡黄色并达到丝带状。（拆下搅拌器，将其浸入搅打好的鸡蛋中，然后像钟摆一样来回摆动：混合物应形成一条浓稠的丝滑丝带，该丝带掉落，然后消失在面糊中。）如果混合物没有形成丝带，请继续根据需要搅打高度。

e) 用桨附件替换搅拌器。将巧克力混合物倒入鸡蛋中，用低速短暂混合，然后将速度提高至中速，搅拌混合物1分钟，或直至其呈棕色且完全均匀。如果出现任何黑色巧克力条纹，请再桨几秒钟，或根据需要。刮掉碗的两侧。

f) 加入面粉、可可粉和盐，低速搅拌 45 至 60 秒。不应有干成分结块。如果有任何结块，请再混合 30 秒。刮掉碗的两侧。

g) 低速倒入浓奶油，搅拌 30 到 45 秒，直到面糊稍微松散，白色奶油条纹完全混合。刮下碗的侧面。

h) 拆下桨并从搅拌机中取出碗。用抹刀轻轻拌入 45 克（1/4 杯）全麦面包皮。

i) 拿一个平底锅，将全麦饼皮放在上面。用抹刀将布朗尼面糊刮入全麦壳中。烤25分钟。馅饼的两侧应该稍微膨胀，并在顶部形成一层糖皮。如果布朗尼派的中心仍然是液体并且没有形成外皮，则再烘烤 5 分钟左右。

j) 将馅饼放在架子上冷却。（如果您赶时间，可以将馅饼小心地从烤箱中取出放入冰箱或冰柜，以加快冷却过程。）用塑料包裹的馅饼可在冰箱中保鲜长达 1 周或在冰箱中最多可保存 2 周。

14. 蝈蝈馅饼

制作 1 个（10 英寸）馅饼；供 8 至 10 人食用

原料：

- 1 份布朗尼派，通过步骤 8 准备
- 1 份薄荷芝士蛋糕馅料
- 20 克 迷你巧克力片 [2 汤匙]
- 25 克迷你棉花糖 [½ 杯]
- 1 份薄荷釉，温的

路线

a) 将烤箱加热至 350°F。
b) 拿一个平底锅，将全麦饼皮放在上面。将薄荷芝士蛋糕馅料倒入外壳中。将布朗尼面糊倒在上面。用刀尖旋转面糊和薄荷馅，梳理薄荷馅的条纹，使它们透过布朗尼面糊显现出来。
c) 将迷你巧克力片撒在馅饼中心的一个小环中，使牛眼中心空着。将迷你棉花糖撒在巧克力片周围的一圈中。
d) 将馅饼烤 25 分钟。它的边缘应该稍微膨胀，但中心仍然摇晃。迷你巧克力片看起来好像开始融化，迷你棉花糖应该均匀晒黑。如果不是这种情况，请将馅饼在烤箱中再烘烤 3 到 4 分钟。
e) 在完成之前将馅饼完全冷却。
f) 确保你的釉料摸起来仍然温暖。将叉子的尖头浸入温暖的釉料中，然后将叉子悬挂在馅饼的靶心中心上方约 1 英寸处。

g) 将馅饼转移到冰箱中，以便薄荷釉在食用前凝固——馅饼冷后就会凝固，大约需要 15 分钟。用塑料包裹的馅饼在冰箱中可保鲜长达 1 周，在冰箱中可保鲜长达 2 周。

15. <u>金发女郎派</u>

制作 1 个（10 英寸）馅饼；供 8 至 10 人食用

原料：

- 3/4 份全麦面包皮
- [255 克（1½ 杯）]
- 1 份金发女郎馅饼馅料
- 1 份腰果果仁糖

用于填充物
- 160 克白巧克力 [5½ 盎司]
- 55 克黄油 [4 汤匙（½ 棒）]
- 2个蛋黄
- 40 克 糖 [3 汤匙]
- 105 克 浓奶油 [½ 杯]
- 52 克面粉 [⅓ 杯]
- ½ 份 腰果脆
- 4 克 粗盐 [1 茶匙]

路线

a) 将白巧克力和黄油放入微波炉安全的碗中，以 30 秒的增量在介质上轻轻融化，并在两次爆炸之间搅拌。一旦融化，将混合物搅拌至光滑。

b) 将蛋黄和糖放入一个中等大小的碗中，搅拌至光滑。倒入白巧克力混合物并搅拌混合。慢慢淋上浓奶油，搅拌均匀。

c) 将面粉、腰果脆和盐放入小碗中搅拌，然后小心地拌入馅料中。立即使用，或存放在密封容器中并在冰箱中保存最多 2 周。

用于填充物

d) 将烤箱加热至 325°F。

e) 将全麦面包皮倒入 10 英寸的馅饼罐中。用手指和手掌将饼皮用力压入馅饼罐中，均匀地覆盖底部和侧面。做馅料时放在一边。用塑料包裹的外壳可以冷藏或冷冻长达 2 周。

f) 将馅饼罐放在平底锅上，倒入金发馅饼馅料。将馅饼烤 30 分钟。它会稍微固定在中心并颜色变暗。如果不是这种情况，请增加 3 到 5 分钟。冷却至室温。

g) 食用前，用腰果果仁糖覆盖馅饼的顶部。

16. 棒棒糖馅饼

制作 1 个（10 英寸）馅饼；服务 8

原料：
- 1 份咸焦糖，融化
- 1 份巧克力皮，冷藏
- 8 个迷你椒盐卷饼
- 1 份花生酱牛轧糖
- 45 克 55% 巧克力 [1½ 盎司]
- 45 克白巧克力 [1½ 盎司]
- 20 克 葡萄籽油 [2 汤匙]

路线

a) 将咸焦糖倒入饼皮中。将其放回冰箱静置至少 4 小时或过夜。

b) 将烤箱加热至 300°F。

c) 将椒盐卷饼铺在烤盘上，烤 20 分钟。放在一边冷却。

d) 从冰箱中取出馅饼，用牛轧糖覆盖硬化焦糖的表面。用手掌将牛轧糖压平，形成均匀的一层。将馅饼放回冰箱，让牛轧糖凝固 1 小时。

e) 将巧克力和油放入微波炉安全的碗中，以 30 秒的增量在介质上轻轻融化，并在两次爆炸之间搅拌，制作巧克力釉。巧克力融化后，搅拌混合物直至光滑有光泽。当天使用釉料，或在室温下在密封容器中保存长达 3 周。

f) 完成馅饼：将其从冰箱中取出，然后使用糕点刷在牛轧糖上涂上一层薄薄的巧克力釉，将其完全覆盖。（如果釉料已经凝固，轻轻加热，这样就很容易在馅饼上绘画。）将椒盐卷饼均匀地排列在馅饼的边缘。使用糕点刷将剩余的巧克力釉涂在椒盐卷饼上薄薄的一层，以密封其新鲜度和风味。

g) 将馅饼放入冰箱至少 15 分钟以使巧克力凝固。用塑料包裹的馅饼在冰箱中可保鲜 3 周，在冰箱中可保鲜长达 2 个月；食用前解冻。

a) 将馅饼切成 8 片，以椒盐卷饼为指导：每片上都应有一整片椒盐卷饼。

17. 柠檬酥皮-开心果派

制作 1 个（10 英寸）馅饼；供 8 至 10 人食用

原料：

- 1 份开心果脆饼
- 15 克 白巧克力，融化 [½ 盎司]
- ¼ 份柠檬凝乳 [305 克（1⅓ 杯）]
- 200 克 糖 [1 杯]
- 100 克水 [½ 杯]
- 3个蛋清
- ⅓ 份柠檬凝乳 [155 克（¼ 杯）]

路线

a) 将开心果脆饼倒入 10 英寸的馅饼罐中。用手指和手掌将酥饼用力压入馅饼罐中，确保底部和侧面均匀覆盖。做馅料的时候放在一边；用塑料包裹外皮，可以冷藏最多 2 周。

b) 使用糕点刷在饼皮的底部和侧面涂上一层薄薄的白巧克力。将外壳放入冰箱 10 分钟以使巧克力凝固。

c) 将 305 克（1⅓ 杯）柠檬凝乳放入小碗中，搅拌使其稍微松散。将柠檬凝乳刮成外皮，然后用勺子或抹刀的背面将其均匀地铺成一层。将派放入冰箱约 10 分钟，以帮助柠檬凝乳层凝固。

d) 与此同时，将糖和水放入一个小厚底平底锅中，轻轻地将糖倒入水中，直到感觉像湿沙子。将平底锅置于中火上，将混合物加热至 115°C (239°F)，用即时读数温度计或糖果温度计记录温度。

e) 当糖加热时，将蛋白放入立式搅拌机的碗中，然后用搅拌器附件开始将其搅打至中等柔软的峰状。

f) 一旦糖浆达到 115°C (239°F)，将其从火上移开，小心地将其倒入搅打蛋清中，确保避免搅拌：在执行此操作之前，将搅拌机的速度降至非常低的速度，除非你想在脸上留下一些有趣的烧伤痕迹。

g) 将所有糖成功添加到蛋白中后，将搅拌机速度调回，让蛋白酥皮搅打直至冷却至室温。

h) 搅打蛋白酥皮时，将 155 克（1/4 杯）柠檬凝乳放入一个大碗中，用抹刀搅拌，使其稍微松散。

i) 当蛋白酥皮冷却至室温后，关闭搅拌机，取出碗，用抹刀将蛋白酥皮拌入柠檬凝乳中，直至不留白色条纹，小心不要让蛋白酥皮瘪掉。

j) 将馅饼从冰箱中取出，将柠檬酥皮舀到柠檬凝乳上。用勺子将蛋白酥皮均匀地铺开，完全覆盖柠檬凝乳。

k) 食用或将馅饼存放在冰箱中直至准备使用。冷冻后用保鲜膜紧紧包裹，可在冰箱中保存长达 3 周。让馅饼在冰箱中解冻过夜，或在室温下解冻至少 3 小时，然后再食用。

18. 裂纹馅饼

制作 2 个（10 英寸）馅饼；每份可容纳 8 至 10 人

原料：

- 1 份燕麦饼干
- 15 克 淡红糖 [1 汤匙 紧密包装]
- 1 克盐 [¼ 茶匙]
- 55 克黄油，融化，或根据需要 [4 汤匙（½ 棒）]
- 1 份 裂纹馅饼馅料
- 糖果糖，用于除尘

用于填充物

- 300 克砂糖 [1½ 杯]
- 180 克 淡红糖 [3/4 杯 紧密包装]
- 20 克奶粉 [¼ 杯]
- 24 克 玉米粉 [¼ 杯]
- 6 克 粗盐 [1½ 茶匙]
- 225 克黄油，融化 [16 汤匙（2 支）]
- 160 克 浓奶油 [3/4 杯]
- 2 克 香草精 [½ 茶匙]
- 8个蛋黄

路线

a) 将烤箱加热至 350°F。

b) 将燕麦饼干、红糖和盐放入食品加工机中，不断搅拌，直到饼干分解成湿沙。（如果你没有食品加工机，你可以假装它，直到你成功并用手勤奋地将燕麦饼干弄碎。）

c) 将面包屑转移到碗中，加入黄油，然后将黄油和磨碎的饼干混合物揉捏至足够湿润，形成球状。如果不够湿润，请另外融化 14 至 25 克（1 至 1½ 汤匙）黄油并揉捏。

d) 将燕麦皮均匀地分装在 2 个（10 英寸）馅饼罐中。用手指和手掌将燕麦饼干皮牢固地压入每个馅饼罐中，确保罐子的底部和侧面均匀覆盖。立即使用馅饼壳，或用塑料包裹好并在室温下保存最多 5 天或在冰箱中保存最多 2 周。

e) 将两个馅饼皮放在平底锅上。将裂纹派馅料均匀地分布在饼皮之间；填充物应填满四分之三。仅烘烤 15 分钟。馅饼的顶部应该是金黄色的，但仍然会很摇晃。

f) 打开烤箱门并将烤箱温度降低至 325°F。根据您的烤箱，烤箱可能需要 5 分钟或更长时间才能冷却到新温度。在此过程中将馅饼放在烤箱中。当烤箱达到 325°F 时，关上门，将馅饼再烤 5 分钟。馅饼在靶心中心应该仍然摇晃，但在外边缘周围则不然。如果馅料仍然太不稳定，请将馅饼在烤箱中再烤 5 分钟左右。

g) 轻轻地将装有裂纹馅饼的盘从烤箱中取出，然后转移到架子上冷却至室温。（如果您赶时间，您可以小心地将馅饼转移到冰箱或冰柜中，以加快冷却过程。）然后将馅饼冷冻至少 3 小时或过夜，以将馅料凝结成致密的最终产品 -冷冻是完美制作饼干的标志性技术和结果。

h) 如果不立即食用馅饼，请用保鲜膜包裹好。放入冰箱可保鲜5天；在冰箱中，它们可以保存 1 个月。将馅饼从冷冻室转移到冰箱中至少解冻 1 小时，然后再准备放入其中。

i) 把你的脆饼冷着吃吧！用糖果糖装饰你的馅饼，要么将其过细筛，要么用手指捏碎。

用于填充物

j) 将糖、红糖、奶粉、玉米粉和盐放入配有桨叶附件的立式搅拌机的碗中，低速搅拌直至均匀混合。

k) 加入融化的黄油，搅拌 2 至 3 分钟，直到所有干成分都湿润。

l) 加入浓奶油和香草精，继续低速搅拌 2 至 3 分钟，直至奶油中的白色条纹完全消失在混合物中。用抹刀刮掉碗的侧面。

m) 加入蛋黄，将它们搅入混合物中，使其混合；小心不要给混合物充气，但要确保混合物有光泽且均匀。低速混合直至混合。

n) 立即使用填充物，或将其存放在密封容器中并在冰箱中保存最多 1 周。

19. 甜玉米麦片牛奶冰淇淋派

制作 1 个（10 英寸）馅饼；供 8 至 10 人食用

原料：
- 225 克 玉米饼干 [约 3 块饼干]
- 25 克黄油，融化或根据需要 [2 汤匙]
- 1 份甜玉米麦片牛奶"冰淇淋"馅料

路线

a) 将玉米饼干放入食品加工机中，打开和关闭脉冲，直到饼干碎成亮黄色的沙子。

b) 在碗中，用手揉捏黄油和磨碎的饼干混合物，直至其足够湿润以形成球。如果不够湿润，请另外融化 14 克（1 汤匙）黄油并揉捏。

c) 用手指和手掌将玉米饼干皮牢固地压入 10 英寸的馅饼盘中。确保馅饼盘的底部和壁均匀覆盖。用塑料包裹的外壳可以冷冻长达 2 周。

d) 用抹刀将谷物牛奶"冰淇淋"馅料刮平并铺入馅饼壳中。将填馅的馅饼轻拍柜台表面，使馅料均匀。

e) 将馅饼冷冻至少 3 小时，或直到"冰淇淋"冷冻并凝固到足以切割和食用为止。如果您想留着以后享用，可以将用塑料包裹的冰淇淋派冷冻最多 2 周。

20. 奶油乳清干酪派

品牌： 6

原料：
- 1 商店买的馅饼皮
- 1 ½ 磅乳清干酪
- ½ 杯马斯卡彭奶酪
- 4 个打散的鸡蛋
- ½ 杯白糖
- 1汤匙白兰地

指示：

a) 将烤箱预热至 350 华氏度。
b) 将所有填充**成分混合**：放入搅拌碗中。然后将混合物倒入外壳中。
c) 将烤箱预热至 350°F，烘烤 45 分钟。
d) 食用前将馅饼冷藏至少 1 小时。

21. 腰果香蕉奶油派

做 8 份

原料：

- 1½ 杯纯素香草饼干屑
- ¼ 杯纯素人造黄油，融化
- ½ 杯无盐生腰果
- 1罐（13盎司）不加糖椰奶
- ⅔ 杯糖
- 成熟的香蕉
- 1 汤匙 琼脂片
- 1茶匙纯香草精
- 1茶匙椰子提取物（可选）
- 纯素鲜奶油，自制或商店购买，和烤椰子，用于装饰

指示：

a) 在 8 英寸弹簧盘或馅饼盘的底部和侧面涂上少许油，然后放在一边。在食品加工机中，将饼干屑和人造黄油混合，搅拌直至面包屑湿润。将面包屑混合物压入准备好的平底锅的底部和侧面。冷藏直至需要。

b) 在高速搅拌机中，将腰果磨成粉末。加入椰奶、糖和一根香蕉，搅拌至光滑。将混合物刮入平底锅中，加入琼脂片，放置 10 分钟以软化琼脂。煮沸，然后将火调小，煮约 3 分钟，不断搅拌以溶解琼脂。从火上移开，加入柠檬汁、香草精和椰子汁（如果使用），搅拌。搁置。

c) 将剩余的 2 根香蕉切成 ¼ 英寸的片，均匀地排列在准备好的香蕉底部

d) 平底锅。将腰果香蕉混合物倒入锅中,然后冷藏直至充分冷却。准备食用时,用生奶油和烤椰子装饰。将剩菜盖上盖子存放在冰箱中。

22. 花生酱-冰淇淋派

做 8 份

原料：

- 1 1/2 杯纯素巧克力饼干屑
- 1/4 杯纯素人造黄油，融化
- 1 夸脱纯素香草冰淇淋，软化
- 2 杯奶油花生酱
- 纯素巧克力卷发，用于装饰

指示：

a) 在 9 英寸弹簧盘的底部和侧面涂上少许油，然后放在一边。在食品加工机中，将饼干屑和人造黄油混合并加工直至面包屑湿润。将面包屑混合物压入准备好的平底锅中，然后压入平底锅的底部和侧面。冷藏直至需要。

b) 在食品加工机中，将冰淇淋和花生酱混合，搅拌直至充分混合。将混合物均匀地铺入准备好的外壳中。

c) 冷冻3小时或过夜。将馅饼置于室温下 5 分钟，然后小心地取出弹簧盘的侧面。将巧克力卷撒在馅饼上即可食用。

23. <u>波士顿奶油派</u>

制作：1 份

原料：

- 1 杯 牛奶
- ½ 杯 砂糖
- 3 汤匙面粉
- ⅛ 茶匙 盐
- 2 个蛋黄
- 1½ 茶匙香草精
- 2 8 英寸层波士顿最爱蛋糕（参见 MM #3607）
- 糖果厂的糖

指示：

a) 将牛奶放入锅中加热至非常热，然后加入砂糖、面粉和盐，快速搅拌。用中火煮，不断搅拌，直到非常浓稠。

b) 加入蛋黄，继续搅拌，再煮 4-5 分钟。离火，加入香草精，冷却，偶尔搅拌。盖好并冷藏直至可以使用。

c) 将蛋奶冻铺在蛋糕层之间，并在蛋糕顶部撒上糖粉。保持冷藏。

手抓饼

24. S'mores 手馅饼

制作：8个手抓饼

原料：
- 1 包。（2 个饼皮）冷藏未煮熟的馅饼皮
- 2汤匙。加2茶匙。牛油，融化的
- 1 杯 棉花糖酱
- 4 个双全麦饼干，碎的
- 1 杯半甜巧克力片
- 1 个大鸡蛋，轻轻打散

指示：

a) 将烤箱加热至 340°F (171°C)。

b) 在两张烤盘上铺上羊皮纸并放在一边。

c) 将馅饼皮放在撒了面粉的工作台上，然后用擀面杖轻轻擀开。使用一个 6 英寸的小翻转碗。（15厘米）直径，压入面团，切出8个圆圈。在每个圆圈上刷上一茶匙黄油。

d) 在每个圆圈上放 2 汤匙棉花糖。将全麦饼干屑均匀分布在所有 8 个圆圈的一半上，留下 ½ 英寸（1.25 厘米）的边缘。在每个上面放上半甜巧克力片。

e) 使用糕点刷，在圆圈边缘涂上鸡蛋。折叠圆圈并按压密封。用叉子在饼皮周围压出凹痕。用一把锋利的刀，为蒸汽留出通风口。

f) 烘烤 12 至 14 分钟或直至呈金黄色。食用前先稍微冷却一下。

g) 储存：在室温下密封容器中最多可保存 3 天。

25. 蓝莓手馅饼

品牌：8

原料：

- 1 杯 蓝莓
- 2½ 汤匙 细砂糖
- 1茶匙柠檬汁
- 1 撮 盐
- 320克冷藏馅饼皮
- 水

指示：

a) 将蓝莓、糖、柠檬汁和盐放入一个中等大小的搅拌碗中。

b) 将馅饼皮擀开，切出 6-8 个单独的圆圈。

c) 在每个圆圈的中心，放大约一勺蓝莓馅。
d) 将面团的边缘弄湿，然后将其折叠在馅料上，形成半月形。
e) 用叉子轻轻地将馅饼皮的边缘卷起来。然后，在手馅饼的顶部切三道口子。
f) 在手抓饼上喷上食用油。
g) 将它们放在 SeaPlate 上。
h) 打开空气炸锅并旋转旋钮选择"烘烤"。
i) 选择 20 分钟的计时器和 350 °F 的温度。
j) 当设备发出蜂鸣声表示已预热时，打开烤箱门并将 SearPlate 插入烤箱。
k) 食用前冷却两分钟。

26. 草莓手抓饼

制作：1 份

原料：

- 1 块黄油
- 1¼ 杯 糖
- 1 个鸡蛋
- 3 盎司 奶油干酪
- 2 茶匙酪乳
- 3 杯 通用面粉
- 1/4 茶匙小苏打
- 1茶匙发酵粉
- ½ 茶匙 盐
- 1 杯 草莓蜜饯
- 2 杯 新鲜草莓丁
- 1 茶匙 柠檬汁
- 2 茶匙 柠檬皮碎

指示：

a) 制作面团时，用电动搅拌机将黄油和糖搅拌在一起。加入鸡蛋和奶油干酪，搅拌均匀。

b) 加入酪乳并混合均匀。慢慢地加入面粉，形成面团。添加小苏打、泡打粉和盐。搅拌均匀，然后用手揉面团，形成一个球。

c) 将面团冷藏1小时。制作馅饼时，将面团擀开，切六个 6 英寸的圆圈。将草莓蜜饯、新鲜草莓、柠檬汁和柠檬皮混合在一起准备馅料。将 3 汤匙馅料舀到每个面团圆圈的一侧。将馅料折叠起来清洁侧面并用叉子将边缘压在一起。

d) 375度烤20分钟，直至金黄。

27. 苹果派

制作：8-10个手馅饼

原料：
- 2 杯 通用面粉
- 1茶匙盐
- 1汤匙糖
- 3/4 棒（3/4 杯）植物起酥油，切块
- 4至8汤匙冰水

用于填充物
- 2 个大的烤苹果，去皮、去核、切块
- 3汤匙砂糖
- 3汤匙淡红糖
- 1 1/2 茶匙 苹果派香料
- 1茶匙通用面粉

打顶用
- 1个大鸡蛋
- 1茶匙水
- 起泡糖，可选

指示

对于地壳

a) 在一个大碗中，将面粉、盐和糖搅拌在一起。
b) 使用糕点搅拌机或两把刀将起酥油切成面粉混合物。
c) 用叉子搅拌足够的水，直到面团粘在一起。

d) 将面团揉成球状，然后压扁成圆盘。为了便于擀制，用保鲜膜包裹面团。冷藏 30 分钟或最多 2 天。
e) 面团冷却并准备好组装馅饼后，将烤箱预热至 400°F，在烤盘上铺上羊皮纸，然后准备馅料。

用于填充物
f) 在一个中等大小的碗中，将苹果与糖、苹果派香料和面粉搅拌。

组装馅饼
g) 从冰箱中取出面团并从保鲜膜中取出。
h) 在撒有大量面粉的工作面上，将面团擀成约 1/8 英寸厚。
i) 使用5英寸圆形饼干切刀将面团切成圆形。根据需要重新滚动面团，以形成 8-10 个圆圈。
j) 在每个面团圆的中心添加一大汤匙馅料，留下尽可能多的液体。
k) 将面团圈对折，然后用手指或叉子密封并卷曲边缘。
l) 将手馅饼放在准备好的烤盘上。
m) 在一个小碗中，将鸡蛋和水搅拌在一起。
n) 用锋利的刀尖在每个馅饼的顶部切两条小缝。
o) 用糕点刷在手馅饼的顶部轻轻刷上蛋液。如果需要，可以在上面撒上起泡糖。
p) 预热烘烤 20-25 分钟或直至呈金黄色。
q) 让手馅饼冷却。如果需要，可以搭配自制的咸焦糖酱。

水果馅饼

28. 酸橙派

品牌：8-10

原料：
脆皮：
- 2 杯 澳洲坚果
- 2 杯山核桃
- 2 撮盐
- 2-3 汤匙 枣泥

填充
- 1 杯 酸橙汁
- 1茶匙绿色食品（可选）
- 1 杯鳄梨湿量
- 1 ½ 杯 椰奶
- 1 杯龙舌兰花蜜
- 3汤匙卵磷脂盐和香草精适量
- 1 杯 无香椰子油

蛋白酥皮配料
- 1 盎司。（¼ 杯装）浸泡并洗净的海苔
- ½ 杯水
- 2 杯 椰奶
- ½ 杯椰子肉
- ½ 杯浸泡腰果
- 6 汤匙 龙舌兰
- 盐和香草精调味
- 1 ½ 汤匙 卵磷脂

- 1 杯 椰子油（无味）

指示：
脆皮：
a) 将所有原料放入食品加工机中，打成泥直至光滑。
b) 压入馅饼盘并冷藏至固体。

填充
c) 将新鲜的椰子水与其肉混合制成椰奶。
d) 搅拌直至光滑。
e) 倒入馅饼皮中，放入冰箱中使其变硬。

蛋白酥皮配料
f) 将苔藓在纯净水中浸泡 30 分钟至 3 小时，然后冲洗干净并沥干。
g) 将海苔和水混合至少 30 秒或直至分解。
h) 添加其余成分：除了卵磷脂和椰子油，搅拌直至充分混合。
i) 混合时加入卵磷脂和椰子油直至光滑细腻。
j) 倒入碗中并冷藏直至变稠并感觉凉爽。

29. 煎锅苹果派

品牌：8 品牌：1 个苹果派

- ½ 杯黄油
- 1 杯 红糖
- 5 个青苹果，去皮， 并切成薄片
- 3 个（9 英寸）冷藏预卷饼皮
- 1 杯白糖，分开
- 2茶匙肉桂粉，分开
- ¼ 杯 白糖
- 1汤匙黄油，切成小块

路线

a) 将烤箱预热至 350 华氏度（175 摄氏度）。

b) 将 1/2 杯黄油放入重型铸铁煎锅中，然后在烤箱中融化黄油。消除 煎锅，撒上红糖；返回烤箱加热 准备 苹果。

c) 取出煎锅，将 1 个冷藏馅饼皮放在红糖上。置顶 馅饼皮和一半苹果片。

d) 在苹果上撒上 1/2 杯糖和 1 茶匙肉桂；将第二块馅饼皮放在苹果上；顶上第二个地壳 与剩下的苹果一起，撒上 1/2 杯糖和 1 茶匙肉桂。

e) 上面放上第三块外壳；在顶部饼皮上撒上 1/4 杯糖，然后点上 1 汤匙黄油。在顶皮上切 4 条缝，用于蒸汽。

f) 在预热的烤箱中烘烤约 45 分钟，直至苹果变软且外壳呈金黄色。趁热食用。

30. 蓝莓大黄派

份量:7 份

原料:

饼馅:

- 4 杯切碎的新鲜大黄
- 2 杯新鲜蓝莓
- 2汤匙融化的黄油
- 1-⅓杯白糖
- ⅔ 杯四

碎顶:

- ½ 杯(1 支)融化的黄油
- 1 杯面粉
- 1 杯燕麦
- 1 杯 压榨红糖
- 1茶匙肉桂

指示:

饼馅:

a) 用喷雾剂喷洒 9 英寸深的馅饼盘底部。
b) 在平底锅上铺上馅饼皮。如果制作碎顶,请在填充之前将外壳边缘刻成凹槽。
c) 在添加馅饼馅料之前,将 ¼ 杯面粉均匀地撒在馅饼皮的底部。
d) 将所有馅饼**馅料混合:** ,然后压入馅饼皮。

碎顶:

e) 将所有成分混合直至混合均匀且易碎。

烘烤：

f) 将碎顶添加到馅饼馅料中，均匀铺开。如果使用馅饼皮顶部，请将整个馅饼馅料放在上面，然后将顶部馅饼皮的边缘压到底部馅饼皮上，使边缘有凹槽。在顶部的饼皮上切开一条缝，以便让馅饼蒸熟。用平底锅喷雾喷洒顶部外壳，并在生料中撒上 5 汤匙糖。

g) 盖上锡纸，350度烘烤1小时（如果使用对流烤箱则可缩短时间）

h) 食用前让馅饼完全冷却。

31. 苹果派

份量：7 份

原料：

饼馅：
- 8 个澳洲青苹果，去皮切片（如果苹果很大，则为 7 个苹果）
- 2汤匙融化的黄油
- ⅔ 杯面粉
- 1杯白糖
- 1茶匙肉桂

碎顶：
- ½ 杯（1 支）融化的黄油
- 1 杯面粉
- 1 杯燕麦
- 1 杯 压榨红糖
- 1茶匙肉桂

指示：

饼馅：

a) 用喷雾剂喷洒 9 英寸深的馅饼盘底部。

b) 在平底锅上铺上馅饼皮。如果制作碎顶，请在填充之前将外壳边缘刻成凹槽。

c) 在添加馅饼馅料之前，将 ¼ 杯面粉均匀地撒在馅饼皮的底部。

d) 将所有馅饼**馅料混合：** ，然后压入馅饼皮。饼会很大。

碎顶：

e) 将所有成分混合直至混合均匀且易碎。

烘烤：

f) 将碎顶添加到馅饼馅料中，均匀铺开。如果使用馅饼皮顶部，请将整个馅饼馅料放在上面，然后将顶部馅饼皮的边缘压到底部馅饼皮上，使边缘有凹槽。

g) 在顶部的饼皮上切开一条缝，以便让馅饼蒸熟。用平底锅喷雾喷洒顶部外壳，并在生料中撒上 5 汤匙糖。

h) 盖上锡纸，350度烘烤1小时（如果使用对流烤箱则时间较短）

i) 食用前让馅饼完全冷却。

32. 无麸质简易椰子派

品牌：6-8

原料：
- 1茶匙香草精
- 2个蛋
- 1 1/2 杯牛奶
- 1/2 杯 罗汉果
- 1/2 杯 椰子粉
- 1/4 杯黄油
- 1 杯 椰丝

指示：
a) 将所有**成分混合**：制成面糊。
b) 在馅饼盘上涂上不粘喷雾剂，然后倒入面糊。
c) 在空气炸锅中350度煮12分钟。

33. 柚子派

制作 1 个（10 英寸）馅饼；供 8 至 10 人食用

原料：
- 1 份未烘烤的 Ritz Crunch
- 1 份西柚百香凝乳
- 1 份甜浓缩葡萄柚

路线
a) 将烤箱加热至 275°F。
b) 将 Ritz 脆饼压入 10 英寸的馅饼罐中。用手指和手掌将其压紧，确保均匀且完全地覆盖底部和侧面。
c) 将罐子放在平底锅上，烘烤 20 分钟。丽兹饼皮应该比你开始吃的脆饼稍微更金棕色，黄油味更深一些。使外壳完全冷却；用塑料包裹的外壳可以冷冻长达两周。
d) 使用勺子或抹刀，将西柚百香凝乳均匀地铺在 Ritz 饼皮的底部。将馅饼放入冰箱中，使凝乳凝固，大约需要 30 分钟。
e) 使用勺子或抹刀，将加糖的浓缩葡萄柚铺在凝乳上，小心不要混合两层，并确保凝乳完全被覆盖。返回冰箱直至准备好切片并食用。

34. <u>蔓越莓派</u>

份量：8 份

原料：

- 2 块馅饼皮
- 1 包 明胶;橙味
- 3/4 杯 开水
- ½ 杯 橙汁
- 1 罐（8 盎司）蔓越莓酱果冻
- 1 茶匙 磨碎的橙皮
- 1杯 冷半杯或牛奶
- 1 包 Jell-O 即食布丁，法式香草或香草味
- 1杯 冷鞭搅打配料
- 磨砂蔓越莓

指示：

a) 将烤箱预热至 450°F

b) 将明胶煮沸并溶解。倒入橙汁。将碗放入更大的冰和水碗中。静置 5 分钟，定期搅拌，直至明胶稍微变稠。

c) 加入蔓越莓酱和橙皮，搅拌混合。用馅料填充馅饼皮。冷却约 30 分钟，或直至凝固。

d) 在一个中等大小的搅拌碗中，倒入一半。加入馅饼馅料混合物。搅拌直至完全混合。

e) 放置 2 分钟，或直到酱汁稍微变稠。最后，拌入搅打好的配料。

f) 轻轻地将明胶混合物涂在上面。冷却 2 小时或直至变硬。

35. <u>桃屑馅饼</u>

做 8 份

原料：
- 1 1/4 杯 通用面粉
- 1/4 茶匙盐
- 1/2 茶匙糖
- 1/2 杯纯素人造黄油，切成小块
- 2汤匙冷水，如果需要的话可以再加一些
- 熟桃子，去皮，去核，切片
- 1 茶匙纯素人造黄油
- 2汤匙糖
- 1/2 茶匙肉桂粉

配料
- 3/4 杯老式燕麦
- 1/3 杯纯素人造黄油，软化
- 2汤匙糖
- 1茶匙肉桂粉
- 1/4 茶匙盐

指示：

a) 制作饼皮：在一个大碗中，将面粉、盐和糖混合。使用糕点搅拌机或叉子切入人造黄油，直到混合物看起来像粗面包屑。一次加一点水，搅拌直至面团开始粘在一起。

b) 将面团压成圆盘并用保鲜膜包裹。准备馅料时冷藏 30 分钟。

c) 将烤箱预热至 425°F。在撒了少许面粉的工作面上将面团擀成直径约 10 英寸的形状。将面团放入 9 英寸馅饼盘中,修剪并卷曲边缘。将桃片放入饼皮中。点上人造黄油,撒上糖和肉桂。搁置。

d) 制作配料:在一个中等大小的碗中,将燕麦、人造黄油、糖、肉桂和盐混合。充分混合并撒在水果上。

e) 烘烤约 40 分钟,直至水果起泡且外皮呈金黄色。从烤箱中取出并稍微冷却 15 至 20 分钟。趁热食用。

36. 草莓云派

做 8 份

原料：

脆皮

- 1 1/4 杯 通用面粉
- 1/4 茶匙盐
- 1/2 茶匙糖
- 1/2 杯纯素人造黄油，切成小块
- 3汤匙冰水

填充

- 1 包（12 盎司）硬丝豆腐，沥干并压榨
- 3/4 杯糖
- 1茶匙纯香草精
- 2 杯新鲜草莓片
- 1/2 杯草莓蜜饯
- 1汤匙玉米淀粉溶解在2汤匙水中

指示：

a) 制作面包皮：在食品加工机中，将面粉、盐和糖混合，然后搅拌混合。加入人造黄油并加工至易碎。

b) 机器运转时，注入水并加工形成柔软的面团。不要过度混合。将面团压成圆盘并用保鲜膜包裹。

c) 冷藏30分钟。将烤箱预热至 400°F。

d) 在撒了少许面粉的工作面上将面团擀成直径约 10 英寸的形状。将面团放入9英寸的馅饼盘中。修剪边缘并开槽。用叉

子在面团底部扎一些洞。烘烤 10 分钟，然后从烤箱中取出并放在一边。将烤箱温度降低至 350°F。

e) 制作馅料：在搅拌机或食品加工机中，将豆腐、糖和香草精混合，搅拌至光滑。倒入准备好的饼皮中。

f) 烤30分钟。从烤箱中取出并放置冷却 30 分钟。

g) 将切片草莓以装饰图案排列在馅饼的顶部，以覆盖整个表面。搁置。

h) 将蜜饯放入搅拌机或食品加工机中打成泥，然后用中火转移到小平底锅中。加入玉米淀粉混合物，继续搅拌直至混合物变稠。

i) 将草莓釉舀到馅饼上。食用前至少将馅饼冷藏 1 小时，以冷却馅料并凝固釉料。

37. 免烤新鲜水果派

做 8 份

原料：

- 1 1/2 杯纯素燕麦饼干屑
- 1/4 杯纯素人造黄油
- 1磅硬豆腐，沥干并压紧（参见豆腐）
- 3/4 杯糖
- 1茶匙纯香草精
- 1 个熟桃子，去核，切成 1/4 英寸的片
- 2 个成熟的李子，去核，切成 1/4 英寸的片
- 1/4 杯桃子蜜饯
- 1 茶匙新鲜柠檬汁

指示：

a) 在 9 英寸馅饼盘上涂上油脂并放在一边。在食品加工机中，将面包屑和融化的人造黄油混合并加工直至面包屑湿润。

b) 将面包屑混合物压入准备好的馅饼盘中。冷藏直至需要。

c) 在食品加工机中，将豆腐、糖和香草精混合，搅拌至光滑。将豆腐混合物铺入冷冻的饼皮中，冷藏1小时。

d) 将水果装饰性地放在豆腐混合物的顶部。搁置。

e) 在一个耐热小碗中，将蜜饯和柠檬汁混合，然后用微波炉加热约 5 秒直至融化。搅拌并淋在水果上。

f) 食用前将馅饼冷藏至少 1 小时，以冷却馅料并凝固釉料。

38. 香蕉芒果派

做 6 份

原料：
- 1½ 杯纯素香草饼干屑
- ¼ 杯纯素人造黄油，融化
- 1 杯 芒果汁
- 1 汤匙 琼脂片
- ¼ 杯龙舌兰花蜜
- 熟香蕉，去皮，切成块
- 1茶匙新鲜柠檬汁
- 1 个新鲜成熟的芒果，去皮，去核，切成薄片

指示：

a) 在 8 英寸馅饼盘的底部和侧面涂上油脂。将饼干屑和融化的人造黄油放在馅饼盘的底部，用叉子搅拌直至面包屑湿润。压入准备好的馅饼盘的底部和侧面。冷藏直至需要。

b) 将果汁和琼脂片放入小锅中混合。静置 10 分钟使其软化。加入龙舌兰花蜜，将混合物煮沸。将火调小，搅拌约 3 分钟直至溶解。

c) 将香蕉放入食品加工机中，加工至光滑。加入琼脂混合物和柠檬汁，搅拌直至光滑且充分混合。使用橡皮刮刀将馅料刮入准备好的外壳中。冷藏 2 小时或更长时间以冷却并凝固。

d) 食用前，将芒果片在馅饼上围成一圈。

39. 草莓奶油派

填满 1 个馅饼

原料：
- 1 份食谱基本馅饼皮
- 2 种食谱 鲜腰果奶油
- 2 杯 切半的草莓
- 2汤匙龙舌兰糖浆

指示：
a) 将生奶油均匀地涂在馅饼皮上。
b) 将切半的草莓放入龙舌兰糖浆中，然后将草莓切片，一面朝下，放在奶油上。
c) 可在冰箱中保存 2 或 3 天。

40. 苹果酥皮派

份量：6 份

原料：

- 各 1 个 9英寸未烘烤的馅饼壳
- 2 杯 磨碎的苹果
- ½ 杯 糖
- 3汤匙 黄油
- 1汤匙 柠檬汁
- 3 个 蛋，分离
- ½ 茶匙 肉桂
- ½ 茶匙 肉豆蔻
- ¼ 杯 糖果厂的糖
- 1 茶匙 香草

指示：

a) 将苹果均匀地铺在馅饼皮底部。在单独的碗中加入奶油糖和黄油。加入柠檬汁和 3 个打好的蛋黄。

b) 倒在苹果上。撒上肉桂和肉豆蔻。在 350 度烤箱中烘烤 40 至 45 分钟。搅打蛋白直至形成峰状。

c) 逐渐加入糖粉和香草精，搅拌直至蛋白酥皮变硬。铺在馅饼上。返回烤箱。将温度降至 325 度。

d) 再烘烤 5 至 10 分钟，直至蛋白酥皮呈浅棕色。

41. 切达碎苹果派

份量：8 份

原料：

- 各 1 个 9英寸未烘烤的馅饼壳
- ½ 杯 未漂白面粉
- ⅓杯 糖
- 1½ 磅 烹饪苹果；
- 6 盎司 切达干酪，切丝，1 1/2 C
- 4茶匙 未漂白面粉
- ⅓杯 红糖;包装牢固
- ½ 茶匙 肉桂;地面
- 1/4 茶匙 肉豆蔻;地面
- 5汤匙 黄油
- 1汤匙 柠檬汁;新鲜的

指示：

a) 去核、去皮、切成薄片

b) 在馅饼皮周围做一个高边。将所有干成分混合在配料中，加入黄油直至易碎。搁置。将苹果和柠檬汁搅拌在一起，加入奶酪、面粉和肉豆蔻，搅拌均匀。

c) 将苹果放入饼皮中，撒在配料上。在预热的 375 华氏度烤箱中烘烤 40 至 50 分钟。如果需要，可以与香草冰淇淋一起温热食用。

蔬菜馅饼

42. 马卡龙顶大黄

份量：4份

原料：

- 4 杯切片新鲜或冷冻大黄（1 英寸块）
- 1 个大苹果，去皮切片
- 1/2 杯包装红糖
- 1/2 茶匙 肉桂粉，分开
- 1汤匙玉米淀粉
- 2汤匙冷水
- 8 个杏仁饼，捣碎
- 1汤匙黄油，融化
- 2汤匙糖
- 香草冰淇淋，可选

路线

a) 在一个大铸铁或其他耐热煎锅中，将大黄、苹果、红糖和 1/4 茶匙肉桂混合；煮滚。减少热量；盖上锅盖，小火煮 10-13 分钟，直至大黄变软。

b) 将玉米淀粉和水混合至光滑；逐渐添加到水果混合物中。煮滚;煮并搅拌直至变稠，大约 2 分钟。

c) 在一个小碗中，将碎饼干、黄油、糖和剩余的肉桂混合。撒在水果混合物上。

d) 从火上烤 4 英寸，直至浅棕色，持续 3-5 分钟。如果需要，可以与冰淇淋一起温热食用。

43. 矿工馅饼

制作：6 个矿工馅饼

原料：

对于馅饼：
- 5杯切碎的芹菜（半月形）
- 8 杯 切碎的胡萝卜
- 2 杯 洋葱丁
- 3汤匙切碎的新鲜迷迭香
- 2汤匙切碎的大蒜
- 2汤匙百里香
- 2 汤匙 牛至
- 4杯黑啤酒
- 3杯牛肉高汤
- 10磅碎牛肉

对于捣碎的锅：
- 1袋捣碎锅
- 1 根（½ 杯）黄油
- ¼ 杯 酸奶油
- 1 汤匙 辣根粉

指示：

对于馅饼：

a) 用油覆盖一个大汤锅的底部。

b) 添加大蒜、洋葱、胡萝卜、芹菜和香料。

c) 添加黑啤酒和牛肉高汤。煮沸，然后小火慢炖。小火煮至蔬菜稍微变软。
d) 加入碎牛肉，经常搅拌。小火煮至牛肉彻底煮熟。调味。

对于捣碎的锅：

a) 在平底锅中融化黄油。添加土豆。
b) 添加酸奶油和辣根。
c) 搅拌直至加热并变得更稠。
d) 将馅饼馅料添加到 6 个方形碗中。
e) 上面放上捣碎的锅。您可以将花盆放入裱花袋中，然后在上面裱花。

44. 大黄馅饼

份量：7 份

原料：

饼馅：
- 8 个澳洲青苹果，去皮切片（如果苹果很大，则为 7 个苹果）
- 2汤匙融化的黄油
- ⅔ 杯面粉
- 1杯白糖
- 1茶匙肉桂

碎顶：
- ½ 杯（1 支）融化的黄油
- 1 杯面粉
- 1 杯燕麦
- 1 杯 压榨红糖
- 1茶匙肉桂

指示：

饼馅：
a) 用喷雾剂喷洒 9 英寸深的馅饼盘底部。
b) 在平底锅上铺上馅饼皮。如果制作碎顶，请在填充之前将外壳边缘刻成凹槽。
c) 在添加馅饼馅料之前，将 ¼ 杯面粉均匀地撒在馅饼皮的底部。
d) 将所有馅饼**馅料混合：** ，然后压入馅饼皮。饼会很大。

碎顶：

e) 将所有成分混合直至混合均匀且易碎。

烘烤：

f) 将碎顶添加到馅饼馅料中，均匀铺开。如果使用馅饼皮顶部，请将整个馅饼馅料放在上面，然后将顶部馅饼皮的边缘压到底部馅饼皮上，使边缘有凹槽。

g) 在顶部的饼皮上切开一条缝，以便让馅饼蒸熟。用平底锅喷雾喷洒顶部外壳，并在生料中撒上 5 汤匙糖。

h) 盖上锡纸，350度烘烤1小时（如果使用对流烤箱则时间较短）

a) 食用前让馅饼完全冷却。

45. 番薯饼

制作：2个红薯馅饼

总准备/烹饪时间：1 小时 5 分钟

原料：

- 2个中等大小的红薯
- 1 ¼ 杯糖
- 1 ½ 块黄油
- 4-5个鸡蛋加1个鸡蛋
- 1 ½ 汤匙 香草精
- 1汤匙柠檬提取物
- 1茶匙肉豆蔻
- 1茶匙肉桂
- 2 个深盘馅饼皮

指示

a) 将红薯、糖、黄油和鸡蛋（一次 2 个鸡蛋）搅拌 1 分钟。

b) 添加香草精、柠檬精、肉豆蔻和肉桂。

c) 充分敲打3-4分钟

d) 将面糊转移到 2 个深盘馅饼皮上

e) 马铃薯混合物看起来应该像蛋糕面糊，味道像冰淇淋。

f) 在350度预热的烤箱中烘烤55至60分钟。

g) 享受！

46. 南瓜派

份量：8 份

原料：
- 1 罐（30 盎司）南瓜派混合物
- 2/3 杯 淡奶
- 2个大鸡蛋，打散
- 1个未烘烤的9英寸馅饼壳

指示：
a) 将烤箱预热至 425 华氏度。
b) 在一个大碗中，将南瓜派混合物、淡奶和鸡蛋混合。
c) 将馅料倒入馅饼壳中。
d) 在烤箱中烘烤 15 分钟。
e) 将温度升至 350°F，再烘烤 50 分钟。
f) 轻轻摇晃一下，看看是否完全烘烤。
g) 在金属架上冷却 2 小时。

47. 南方红薯饼

份量：10 份

原料：
- 2 杯 去皮、煮熟的红薯
- ¼ 杯融化的黄油
- 2个蛋
- 1 杯糖
- 2汤匙波本威士忌
- 1/4 茶匙 盐
- 1/4 茶匙 肉桂粉
- 1/4 茶匙 姜末
- 1 杯牛奶

指示：
a) 将烤箱预热至 350 华氏度。
b) 除牛奶外，将所有成分充分混合：在电动搅拌机中。
c) 加入牛奶并在一切完全混合后继续搅拌。
d) 将馅料倒入馅饼壳中，烘烤 35-45 分钟，或者直到用刀插入馅饼中心附近，取出来时是干净的。
e) 从冰箱中取出并冷却至室温后再食用。

48. 意大利洋蓟派

份量：8 份

成分

- 3 蛋;殴打
- 1 3 盎司包装奶油芝士配香葱；软化
- 3/4 茶匙 蒜粉
- 1/4 茶匙 胡椒
- 1½ 杯 马苏里拉奶酪，部分脱脂牛奶；切丝
- 1杯 乳清干酪
- ½ 杯 蛋黄酱
- 1 14 盎司罐装朝鲜蓟心；沥干
- ½ 15 盎司罐装鹰嘴豆，罐装；冲洗并沥干
- 1 2 1/4 盎司罐装橄榄片；沥干
- 1 2 盎司罐甜椒；切丁并沥干
- 2汤匙 香菜;剪断
- 1 饼皮（9英寸）；未烘烤的
- 2 小号 番茄;切片

指示：

a) 将鸡蛋、奶油干酪、大蒜粉和胡椒粉放入一个大搅拌盆中。将 1 杯马苏里拉奶酪、乳清干酪和蛋黄酱放入搅拌碗中。

b) 搅拌直至一切都充分混合。

c) 将 2 个朝鲜蓟心切成两半，放在一边。把剩下的心都切碎。

d) 将奶酪混合物与切碎的心、鹰嘴豆、橄榄、甜椒和欧芹一起搅拌。用混合物填充糕点壳。

e) 350度烘烤30分钟。剩下的马苏里拉奶酪和帕尔马干酪应该撒在上面。
f) 再烘烤 15 分钟或直至凝固。
g) 休息 10 分钟。
h) 在上面放上番茄片和切成四等分的洋蓟心。
i) 服务

49. 乡村小屋馅饼

制作 4 至 6 份

原料：
- 育空金土豆，去皮切丁
- 2汤匙纯素人造黄油
- 1/4 杯 原味不加糖豆浆
- 盐和现磨黑胡椒
- 1汤匙橄榄油
- 1 个中等大小的黄洋葱，切碎
- 1 根中等大小的胡萝卜，切碎
- 1 根芹菜肋，切碎
- 12盎司seitan，切碎
- 1 杯冷冻豌豆
- 1 杯冷冻玉米粒
- 1茶匙干咸味
- 1/2 茶匙干百里香

路线

a) 在装有沸腾盐水的平底锅中，将土豆煮 15 至 20 分钟，直至变软。

b) 沥干水分并返回锅中。加入人造黄油、豆奶、盐和胡椒调味。

c) 用土豆捣碎器粗略地捣碎并放在一边。将烤箱预热至 350°F。

d) 在一个大煎锅中，用中火加热油。加入洋葱、胡萝卜和芹菜。

e) 盖上锅盖，煮约 10 分钟，直至变软。将蔬菜转移到 9 x 13 英寸的烤盘中。加入面筋、蘑菇酱、豌豆、玉米、咸味和百里香。

f) 用盐和胡椒调味，并将混合物均匀地铺在烤盘中。

g) 上面放上土豆泥，铺到烤盘的边缘。烘烤约 45 分钟，直至土豆变成棕色且馅料起泡。

h) 立即上菜。

50. 鸡肉韭葱蘑菇派

品牌： 6

原料：

- 1 份酥皮糕点，冷藏
- 额外的无麸质普通（通用）面粉混合物来擀制糕点
- 250 克（2½ 杯）茴香，切碎
- 2 根中等大小的韭菜，修剪一下
- 240 克（2 杯）蘑菇
- 240 毫升（1 杯）白葡萄酒
- 240 毫升（1 杯）牛奶
- 120 毫升（½ 杯）鲜奶油
- 4 汤匙 玉米粉/玉米淀粉
- 700 克（1½ 磅）鸡胸肉
- ½ 茶匙 现磨黑胡椒
- ¼ 茶匙 海（犹太洁食）盐
- 2 茶匙 普罗旺斯干香草
- 2茶匙橄榄油

指示：

a) 将韭葱切片，冲洗并彻底沥干。将茴香切丁，蘑菇切片。

b) 在炒锅中用中火加热 1 茶匙橄榄油，加入韭菜和茴香。煮5分钟。

c) 加入蘑菇，继续炒至金黄色。煮鸡肉时转移到盘子/碗中。将鸡肉切成一口大小的块。

d) 将剩下的 1 茶匙橄榄油放入炒锅中，用中火加热，将鸡块分批煎至金黄色。
e) 将煮熟的批次转移到与炒蔬菜相同的碗中。所有鸡肉煮熟后，将鸡肉/蔬菜放回炒锅中，倒入白葡萄酒。
f) 用盐、胡椒调味，然后加入干香草。煮沸并用小火煮10分钟。
g) 将玉米粉/玉米淀粉溶解在牛奶中，然后放入炒锅中搅拌。继续在锅中搅拌直至酱汁变稠。从火上移开并放在一侧。
h) 将烤箱预热至 170C 风扇、375F、气体标记 5。
i) 将冷藏的面团放在两张撒了面粉的防油纸之间擀成比馅饼盘稍大的形状。
j) 将鲜奶油搅拌到鸡肉混合物中，然后倒入馅饼盘中。仍然在防油纸上，将糕点翻过来，取出最上面的那张纸。
k) 使用剩余的防油纸帮助您将糕点转移到馅饼盘上。用两个手指和拇指修剪边缘并卷曲。
l) 如果您有艺术感，可以重新卷起糕点边角料，并剪出 4 片叶子形状进行装饰。
m) 用制作糕点时保留的备用鸡蛋/牛奶混合物刷在馅饼顶部，在中间切一个小十字，并用糕点叶子形状装饰。
n) 也用蛋液刷这些。放在烤盘上并放入烤箱。
o) 烘烤 45 分钟，直至馅饼皮呈金黄色且馅料滚烫。

51. 带有一点朗姆酒的南瓜派

做 8 份

原料：

脆皮
- 1 1/4 杯 通用面粉
- 1/4 茶匙盐
- 1/2 茶匙糖
- 1/2 杯纯素人造黄油，切成小块
- 3汤匙冰水，如果需要的话再加更多

填充
- 1罐（16盎司）固体包装南瓜
- 1 包（12 盎司）超硬丝豆腐，沥干并拍干
- 1 杯糖
- 准备 2 个鸡蛋的鸡蛋替代混合物（参见纯素烘焙）
- 1汤匙黑朗姆酒
- 1汤匙玉米淀粉
- 2茶匙肉桂粉
- 1/2 茶匙 多香粉粉
- 1/2 茶匙 姜末
- 1/2 茶匙肉豆蔻粉

指示：

a) 在一个中等大小的碗中，将面粉、盐和糖混合。使用糕点搅拌机或叉子切入人造黄油，直到混合物看起来像粗面包屑。

一次加一点水，搅拌直至面团开始粘在一起。将面团压扁成圆盘，然后用保鲜膜包起来。准备馅料时冷藏 30 分钟。

b) 在食品加工机中，将南瓜和豆腐混合直至充分混合。加入糖、鸡蛋代用品、枫糖浆、朗姆酒、玉米淀粉、肉桂、五香粉、姜和肉豆蔻，搅拌直至光滑并充分混合。

c) 将烤箱预热至 400°F。在撒了少许面粉的工作面上将面团擀成直径约 10 英寸的形状。将面团放入 9 英寸的馅饼盘中，修剪边缘并开槽。

d) 将馅料倒入饼皮中。烘烤 15 分钟，然后将烤箱温度降至 350°F，再烘烤 30 至 45 分钟，或直至馅料凝固。放在金属架上冷却至室温，然后放入冰箱冷藏 4 小时或更长时间。

52. 绿色番茄派

份量：6 份

原料：
双皮糕点
½ 杯 糖
2茶匙面粉
1个柠檬；磨碎的外皮
¼ 茶匙 多香粉粉
1/4 茶匙 盐
4 杯 青番茄：去皮，切片
1 茶匙 柠檬汁
3茶匙黄油

指示：

a) 在馅饼盘上铺上馅饼面团。将糖、面粉、柠檬皮、五香粉和盐混合在一起。

b) 在馅饼壳的底部撒一点。

c) 将番茄片逐层排列，在每一层上涂上糖混合物、柠檬汁和一点黄油。

d) 继续分层，直到到达馅饼罐的顶部。

e) 盖上格子顶，在 350°C 下烘烤 45 分钟。

53. 芦笋馅饼

份量：6 份

原料：

- 1 包（8 盎司）冷冻芦笋
- 1杯火腿块；煮熟的
- 1 杯 一半一半
- 1 罐（4 盎司）蘑菇；排干
- 1 茶匙 盐
- 鸡蛋3个；轻微殴打
- ⅓ 杯切碎的洋葱（可选）
- 1 未烘烤； 9寸馅饼皮

指示：

a) 煮芦笋并沥干。将一半和一半、洋葱、蘑菇和盐放入锅中混合。煮1分钟。将少量热混合物加入鸡蛋中并搅拌均匀。添加到锅中的混合物中， 搅拌混合。

b) 将沥干水分的芦笋和火腿放入饼皮中。将热混合物倒入。

c) 可以在表面轻轻撒上胡椒和肉豆蔻。 400度烤15分钟；将热量降至 325 度，再烘烤 20-25 分钟，或者直到插入馅饼中心的刀片拔出时是干净的。

坚果馅饼

54. 胡桃派

做 8 份

原料：

脆皮

- 1¼ 杯 通用面粉
- ¼ 茶匙盐
- ½ 茶匙糖
- ½ 杯纯素人造黄油，切成小块
- 汤匙冰水，如果需要的话再加更多

填充

- 2汤匙玉米淀粉
- 1杯水
- 1¼ 杯纯枫糖浆
- ½ 茶匙盐
- 2汤匙纯素人造黄油
- 1茶匙纯香草精
- 2 杯无盐山核桃半片，烤的

指示：

a) 制作饼皮：在一个大碗中，将面粉、盐和糖混合。使用糕点搅拌机或叉子切入人造黄油，直到混合物看起来像粗面包屑。一次加一点水，搅拌直至面团开始粘在一起。

b) 将面团压成圆盘并用保鲜膜包裹。准备馅料时冷藏 30 分钟。将烤箱预热至 400°F。

c) 制作馅料：在一个小碗中，将玉米淀粉和 1/4 杯水混合并放在一边。在一个中等大小的平底锅中，将剩余的 3/4 杯水和枫糖浆混合，用大火煮沸。煮沸 5 分钟，然后加入盐和玉米淀粉混合物，剧烈搅拌。继续搅拌并用大火煮，直到混合物变稠并变得透明。从火上移开，加入人造黄油和香草精搅拌。

d) 在撒了少许面粉的工作面上将面团擀成直径约 10 英寸的形状。将面团放入9英寸的馅饼盘中。修剪面团并在边缘上刻槽。用叉子在面团底部扎一些洞。烘烤约 10 分钟至金黄色，然后从烤箱中取出并放在一边。将烤箱温度降低至 350°F。

e) 人造黄油融化后，将馅料倒入预烤的饼皮中。将一半的山核桃放入馅料中，将其压入混合物中，然后将剩余的一半放在馅饼的顶部。烤30分钟。在架子上冷却约 1 小时，然后冷藏直至冷却。

55. 白巧克力榛子派

做 8 份

原料：
- 1 1/2 杯纯素香草或巧克力饼干屑
- 1 杯纯素白巧克力片或块
- 1/4 杯水
- 2 汤匙 Frangelico（榛子利口酒）
- 8 盎司特硬丝豆腐，沥干
- 1/4 杯龙舌兰花蜜
- 1 茶匙纯香草精
- 1/2 杯碎烤榛子，用于装饰
- 1/2 杯新鲜浆果，用于装饰

指示：
a) 在 8 英寸馅饼盘或弹簧盘上涂上油脂，放在一边。
b) 在食品加工机中，将饼干屑和人造黄油混合，搅拌直至面包屑湿润。
c) 将面包屑混合物压入准备好的平底锅的底部和侧面。冷藏直至需要。
d) 将白巧克力放入双锅中，用小火融化，不断搅拌。搁置。
e) 在高速搅拌机中，将腰果磨成粉末。加入水和 Frangelico，搅拌至光滑。加入豆腐、龙舌兰花蜜和香草精，搅拌至光滑。加入融化的白巧克力，加工至奶油状。
f) 将混合物倒入准备好的平底锅中。盖上盖子冷藏 3 小时，直至充分冷却。

g) 食用时，用碎榛子和新鲜浆果装饰。

56. 无麸质简单椰子派

总时间：52 分钟

品牌：6-8

原料：
- 2个蛋
- 1 1/2 杯牛奶
- 1/4 杯黄油
- 1 1/2 茶匙。香草精
- 1杯椰丝（我用的是加糖的）
- 1/2 杯 罗汉果（或你喜欢的糖）
- 1/2 杯 椰子粉

指示：

a) 在 6 英寸馅饼盘上涂上不粘喷雾剂，然后将面糊填满。继续遵循与上述相同的说明。

b) 在空气炸锅中以 350 度烹饪 10 至 12 分钟。

c) 时检查馅饼，确保它没有烧焦，转动盘子，用牙签测试是否熟了。

57. B缺核桃燕麦饼

制作：1 份

原料：

- 3 颗鸡蛋，轻轻打散
- 1 杯 红糖，包装好的
- ½ 杯 黑玉米糖浆
- ½ 杯淡奶
- ½ 杯速煮燕麦片
- ½ 杯 粗碎黑核桃
- ¼ 杯（4 汤匙）黄油，融化
- 1 茶匙 香草
- 盐
- 用于单皮馅饼的未烘烤糕点

指示：

a) 在大碗中，将鸡蛋、糖、糖浆、牛奶、燕麦、坚果、黄油、香草精和 ⅛ 茶匙盐混合均匀。

b) 将 9 英寸馅饼盘与糕点、装饰和凹槽边缘对齐。将盘子放在烤箱架上，倒入馅料。用箔纸保护馅饼边缘，防止过度褐变。在 350 华氏度下烘烤 25 分钟。除去箔纸。

c) 再烘烤约 25 分钟或直至顶部呈深金黄色并略微蓬松。

d) 填充物稍软，但冷却后会变硬。

e) 完全冷却。

58. 橡子派

制作：1 份

原料：
- 3个蛋清，打硬
- 1茶匙发酵粉
- 1 杯 糖
- 1 茶匙 香草
- 20 块苏打饼干
- （科斯利破碎）
- ½ 杯山核桃，切碎

指示：

a) 将蛋白打至硬性发泡；添加发酵粉并进一步搅拌。

b) 加入糖和香草精；再次击败。

c) 拌入饼干和山核桃。放入涂有黄油的馅饼盘中，以300度烘烤30分钟。

d) 让它冷却，上面放上冷鞭和切碎的山核桃。

59. 杏仁杏仁饼樱桃派

份量：6 份

原料：

- 每个馅饼壳 1 个，9 英寸，未烘烤
- 21 盎司 樱桃派馅料
- ½ 茶匙 肉桂
- 1 杯 椰子
- ½ 杯 杏仁，切片
- ¼ 杯 糖
- ⅛ 茶匙 盐（可选）
- ⅛ 茶匙 盐（可选）
- 1 茶匙 柠檬汁
- ¼ 杯 牛奶
- 1 汤匙 黄油，融化
- ¼ 茶匙 杏仁提取物
- 鸡蛋各 1 个，打散

指示：

a) 将烤箱预热至 400F。将馅饼皮擀开，放入 9 英寸馅饼盘中。在大碗中，将馅饼馅、肉桂、盐和柠檬汁混合。轻轻混合。用勺子舀入铺有饼皮的馅饼盘中。

b) 烤20分钟。

c) 同时，将所有配料放入中型碗中，搅拌直至混合。20 分钟后将馅饼从烤箱中取出，将配料均匀地铺在表面上，然后将馅饼放回烤箱。

d) 再烘烤 15 至 30 分钟，或直至饼皮和配料呈金黄色。

60. 杏仁巧克力片派

份量：8份

原料：

- 3个鸡蛋
- 3/4 杯糖浆，黑玉米
- ½ 杯 糖
- ¼ 杯 苦杏酒
- 2汤匙黄油；融化了
- ½ 茶匙 盐
- ½ 杯 半甜巧克力片
- ½ 杯 杏仁，切片
- 1个馅饼皮；未烘烤的
- 生奶油或冰淇淋

指示：

a) 烤箱预热到350度。在大搅拌碗中，搅打鸡蛋直至混合。加入玉米糖浆、糖、杏仁酒、黄油和盐。加入巧克力片和杏仁。

b) 倒入未烘烤的馅饼皮中。

c) 烘烤 50 到 60 分钟，直到刀插入馅饼中心和馅饼边缘之间，取出时是干净的。完全冷却。

d) 与生奶油或冰淇淋一起食用。

61. S尼克斯酒吧馅饼

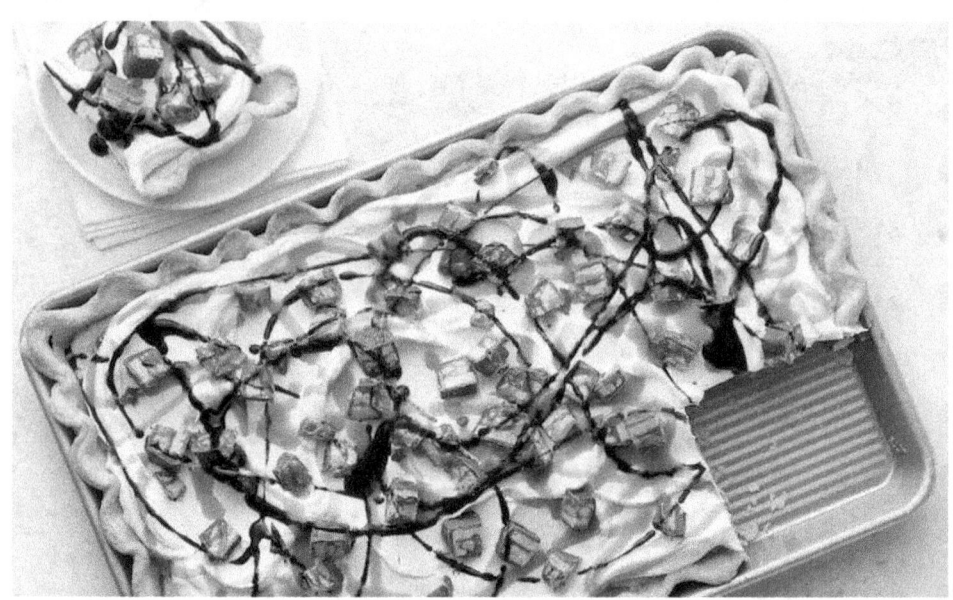

份量：1 份

原料：

- 1 个（10 英寸）馅饼壳，烘烤
- 4 杯 牛奶
- 1 杯 冷鞭
- 2 盒（3 3/4 盎司）即食香草布丁
- 3 盒（3 3/4 盎司）速溶巧克力布丁
- 3 块士力架，切成 1/2 英寸的块
- 凉鞭子和花生装饰

指示：

a) 将 1½ 杯牛奶、香草布丁和 ½ 杯冷鞭混合。

b) 打至非常光滑。折叠成棒棒糖块。

c) 铺在烤好的馅饼壳里。

d) 将剩余的牛奶、冷鞭和巧克力布丁混合。

e) 搅拌直至光滑。

f) 铺在香草层的顶部。装饰。

g) 冷藏。

62. 樱桃榛子脆饼

制作：1 个馅饼

原料：
- ½ 包（10 盎司）馅饼皮混合物
- ¼ 杯 包装淡红糖
- 3/4 杯烤俄勒冈榛子，切碎
- 1 盎司 磨碎的半甜巧克力
- 4 茶匙 水
- 1 茶匙 香草
- 8 盎司 红樱桃
- 2 茶匙 玉米淀粉
- ¼ 杯 水
- 1 少许 盐
- 1汤匙樱桃酒（可选）
- 1 夸脱香草冰淇淋

指示：

a) 使用糕点搅拌机将（½ 包）馅饼皮混合物与糖、坚果和巧克力混合。将水与香草混合。撒在面包屑混合物上并混合直至充分混合。

b) 变成抹好油的9寸饼盘；将混合物牢固地压在底部和侧面。烤箱375度烤15分钟。

c) 放在架子上冷却。盖上盖子并静置几个小时或过夜。沥干樱桃，保留糖浆。将樱桃切碎。

d) 在平底锅中将糖浆、玉米淀粉、1/4 杯水和盐混合；添加樱桃。小火煮至澄清。从火上移开并彻底冷却。
e) 加入樱桃酒并冷却。将冰淇淋舀入馅饼壳中。
f) 将樱桃釉倒在馅饼上，立即食用。

香草和花卉馅饼

63. 巧克力薄荷浓缩咖啡派

制作 6 至 8 份

原料：
- 2 杯纯素巧克力饼干或薄荷味巧克力三明治饼干
- 1 包（12 盎司）纯素半甜巧克力片
- 1 包（12.3 盎司）硬丝豆腐，沥干并压碎
- 2 汤匙纯枫糖浆或龙舌兰花蜜
- 2 汤匙原味或香草豆奶
- 2 汤匙 薄荷奶油
- 2 茶匙速溶浓缩咖啡粉

指示：
a) 将烤箱预热至 350°F。在 8 英寸馅饼盘上涂上少许油，放在一边。
b) 如果使用三明治饼干，请小心地将它们分开，将奶油馅料保留在单独的碗中。在食品加工机中精细研磨饼干。加入纯素人造黄油并搅拌直至充分混合。
c) 将面包屑混合物压入准备好的平底锅底部。烤5分钟。如果使用三明治饼干，当饼皮仍然很热时，将保留的奶油馅涂在饼皮上。放在一边冷却 5 分钟。
d) 在双层锅炉或微波炉中融化巧克力片。搁置。
e) 在搅拌机或食品加工机中，将豆腐、枫糖浆、豆奶、薄荷糖和浓缩咖啡粉混合。处理直至光滑

f) 将融化的巧克力加入豆腐混合物中，直至完全混合。将馅料铺入准备好的饼皮中。食用前冷藏至少 3 小时使其凝固。

64. 迷迭香、香肠和奶酪馅饼

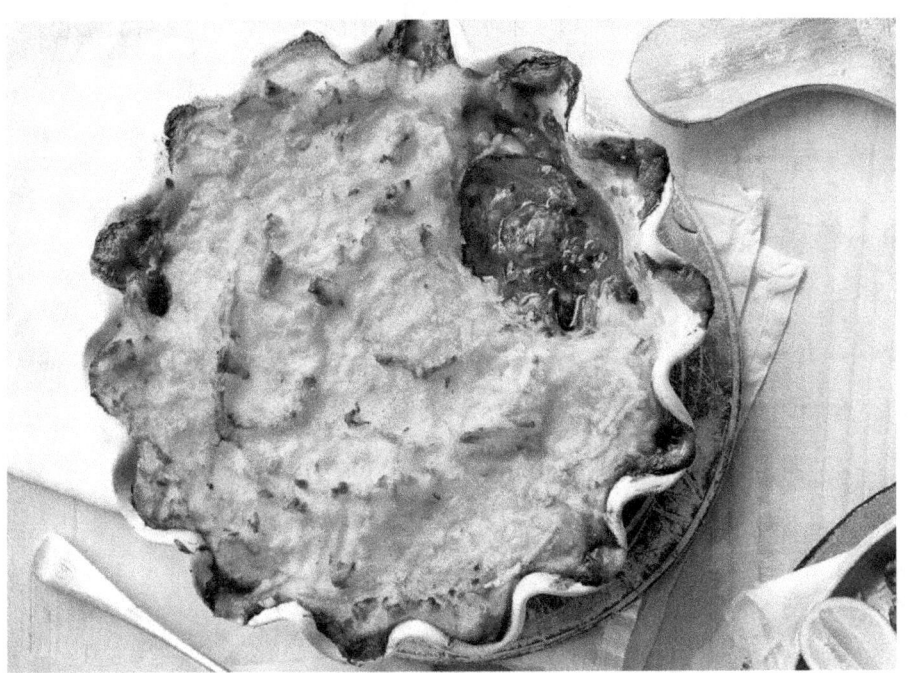

品牌：2

原料：

- 3/4 杯切达干酪，磨碎
- ¼ 杯椰子油
- 5个蛋黄
- ½ 茶匙 迷迭香
- ¼ 茶匙 小苏打
- 1 ½ 鸡肉香肠
- ¼ 杯椰子粉
- 2 汤匙 椰奶
- 2 茶匙 柠檬汁
- ¼ 茶匙 辣椒
- 1/8 茶匙 粗盐

指示：

a) 将烤箱设置为 350 F。
b) 将香肠切碎，加热煎锅并煮香肠。煮香肠时，将所有干原料混合在一个碗中。在另一个碗中混合柠檬汁、油和椰奶。将液体加入干混合物中，然后加入 ½ 杯奶酪；折叠合并并放入 2 个小模子中。
c) 将煮熟的香肠加入面糊中，然后用勺子将其推入混合物中。
d) 烘烤 25 分钟，直至顶部呈金黄色。上面放上剩下的奶酪，烤 4 分钟。
e) 趁热食用。

65. 柠檬三色堇派

份量：8份

原料：
- 糕点面团
- 2个蛋
- 3 蛋黄
- 3/4 杯糖
- ½ 杯 柠檬汁
- 1 汤匙 磨碎的柠檬皮
- 1 杯 浓奶油
- 1包无味明胶
- ¼ 杯 水
- 结晶三色堇

指示：

a) 在一个 1 夸脱的平底锅中，用钢丝搅拌器将鸡蛋、蛋黄、糖、柠檬汁和果皮搅拌在一起。

b) 用小火煮约 10 分钟，用木勺不断搅拌，直至混合物变稠并覆盖勺子。

c) 过滤并放在一边。

d) 当糕点冷却后，将烤箱加热至 400'F。在两张撒了面粉的蜡纸之间，将糕点擀成 11 英寸的圆形。取出最上面的一张纸，将糕点翻转到 9 英寸的馅饼盘中，让多余的部分延伸到边缘。

e) 取出剩余的蜡纸。将多余的糕点折叠到下面，使其与盘子的边缘齐平。
f) 用叉子刺穿糕点的底部和侧面，以防止收缩。在糕点上铺上铝箔，并填入未煮熟的干豆或馅饼重量。
g) 将糕点皮烘烤 15 分钟，除去豆子箔纸，再烘烤 10 至 12 分钟或直至糕点呈金黄色。在金属架上完全冷却外壳。
h) 当糕点皮冷却后，搅打奶油直至形成软峰，然后放在一边。
i) 在平底锅中，将明胶和水混合，小火加热，搅拌直至明胶溶解。
j) 将明胶混合物搅拌到冷却的柠檬混合物中。将生奶油拌入柠檬混合物中直至混合。将柠檬奶油馅料涂在糕点皮上，冷藏 2 小时或直至变硬。
k) 食用前，如果需要，可将三色紫罗兰放在馅饼的边缘和中心。

肉和鸡肉馅饼

66. 鸡蛋早餐馅饼

品牌： 4

原料：

- 250克已卷好的酥皮糕点
- 4个散养鸡蛋
- 2 个蘑菇，切片
- 6-8片五花培根
- 樱桃番茄的
- 新鲜百里香
- 干熏辣椒片
- 大量您选择的磨碎奶酪

路线

a) 首先，让烤箱冷却直至达到 180°C 左右。
b) 将酥皮切成四个正方形，放在衬有烘焙纸的烤盘上进行高温烘烤。
c) 烘烤 10 分钟，或直至糕点膨胀并开始变成金黄色。
d) 煎培根。培根开始煮熟后，加入蘑菇和少许橄榄油。
e) 将馅饼从燃木烤箱中取出后，按下每个馅饼的中心，使两侧稍微抬起。
f) 将培根和蘑菇放在上面，然后撒上大量奶酪。如果你够大胆的话，可以在两侧添加一些樱桃番茄。
g) 在燃木烤箱中，在每个馅饼的中心打一个鸡蛋，再煮 10-15 分钟。
h) 鸡蛋煮熟后，将它们从锅中取出，享受美味的早餐！

67. 奶酪和香肠馅饼

品牌：2

原料：

- 1 ½ 块鸡肉香肠
- ½ 茶匙 迷迭香
- ¼ 茶匙 小苏打
- ¼ 杯椰子粉
- ¼ 茶匙 辣椒
- 1/8 茶匙 盐
- 5个蛋黄
- 2 茶匙 柠檬汁
- ¼ 杯椰子油
- 2 汤匙 椰奶
- 3/4 切达干酪，磨碎

指示：

a) 将烤箱设置为 350 F。

b) 将香肠切碎，加热煎锅并煮香肠。煮香肠时，将所有干原料混合在一个碗中。在另一个碗中混合蛋黄、柠檬汁、油和椰奶。将液体加入干混合物中，然后加入 ½ 杯奶酪；折叠合并并放入 2 个小模子中。

c) 将煮熟的香肠加入面糊中，然后用勺子将其推入混合物中。

d) 烘烤 25 分钟，直至顶部呈金黄色。上面放上剩下的奶酪，烤 4 分钟。

e) 趁热食用。

68. 迷迭香，鸡肉香肠馅饼

品牌：2

原料：

- 3/4 杯切达干酪，磨碎
- ¼ 杯椰子油
- 5个蛋黄
- ½ 茶匙 迷迭香
- 1/4 茶匙 小苏打
- 1 ½ 鸡肉香肠
- ¼ 杯椰子粉
- 2 汤匙 椰奶
- 2 茶匙 柠檬汁
- 1 茶匙 辣椒
- 1/8 茶匙 粗盐

指示：

a) 将烤箱设置为 350 F。
b) 将香肠切碎，加热煎锅并煮香肠。煮香肠时，将所有干原料混合在一个碗中。在另一个碗中混合柠檬汁、油和椰奶。将液体加入干混合物中，然后加入 ½ 杯奶酪；折叠合并并放入 2 个小模子中。
c) 将煮熟的香肠加入面糊中，然后用勺子将其推入混合物中。
d) 烘烤 25 分钟，直至顶部呈金黄色。上面放上剩下的奶酪，烤 4 分钟。
e) 趁热食用。

69. 鸡饼

品牌：5

原料：
- ½ 磅去骨鸡大腿，切成小块
- 3.5 盎司 培根，切碎
- 1 根胡萝卜，切碎
- ¼ 杯欧芹，切碎
- 1 杯 浓奶油
- 2 根洋葱韭菜，切碎
- 1杯白葡萄酒
- 1 汤匙 橄榄油
- 盐和胡椒粉调味

对于地壳
- 1杯杏仁粉
- 2 汤匙 水
- 1 汤匙 甜叶菊
- 1½ 汤匙 黄油
- ½ 茶匙 盐

指示：
a) 成分混合在一起准备外壳。搁置。
b) 在平底锅中用中高火加热橄榄油。放入切碎的韭菜，搅拌。转移到盘子上。
c) 放入鸡肉和培根，煮至棕色，然后加入韭菜。
d) 加入胡萝卜，倒入白葡萄酒，然后将火调至中火。

e) 加入欧芹，倒入浓奶油搅拌均匀。转移到烤盘中。
f) 盖上准备好的饼皮，放入烤箱烘烤，直至饼皮变成金黄色酥脆。
g) 食用前休息 20 分钟。

70. <u>驼鹿馅饼</u>

制作：1 份

原料：

- 1½ 磅驼鹿牛排，切成 1/2 杯立方体。面粉
- 1 个中等大小的洋葱，切碎
- 1 瓣 蒜末
- 3汤匙油
- 2杯水
- 2汤匙伍斯特沙司
- 1 茶匙马郁兰
- 1 茶匙百里香
- 1茶匙芹菜籽
- 1 茶匙 盐
- ½ 茶匙胡椒粉
- 1 片月桂叶
- 土豆和胡萝卜切块
- 冷冻豌豆或青豆
- 馅饼皮

指示：

a) 将塑料袋中的牛排块与面粉一起摇匀，一次几块。
b) 将驼鹿、洋葱和大蒜放入加热的油中，直至驼鹿变成棕色。添加水、香草、伍斯特酱、盐和胡椒。

c) 煮沸，调小火，煮 1.5 小时。加入土豆和胡萝卜，再煮大约 30 到 45 分钟。添加豌豆。倒入馅饼盘中。盖上馅饼皮，边缘呈凹槽状，在顶部切开缝。
d) 烘烤 15 至 20 分钟或直至外皮变成漂亮的棕色。

谷物和面食馅饼

71. 不那么老土的玉米粉蒸肉馅饼

品牌：8

原料：

- 2茶匙植物油，或根据需要
- 1 个小洋葱，切碎
- 1 ½ 磅碎牛肉
- 1 罐（15 盎司）斑豆，冲洗并沥干
- 1罐（15盎司）黑豆，冲洗并沥干
- ½ 杯 碎墨西哥奶酪混合物
- 1 罐（14 盎司）番茄丁和青椒
- 2 包（8.5 盎司）玉米面包粉
- ⅔ 杯牛奶
- 2个大鸡蛋

路线

a) 将烤箱预热至 400 华氏度（200 摄氏度）。

b) 在铸铁煎锅中用中高温加热油；将洋葱炒至浅棕色，持续 5 至 10 分钟。加入碎牛肉；煮并搅拌直至牛肉变成褐色 易碎，5到10分钟。将斑豆和黑豆混合到牛肉混合物中。

c) 将墨西哥奶酪混合物撒在牛肉豆混合物上；搅拌。将切块的西红柿与 将青智利辣椒放入牛肉豆混合物中。

d) 将玉米面包粉、牛奶和鸡蛋在碗中混合，直至面糊变得光滑。传播 将面糊倒在牛肉豆混合物上。

e) 放入预热好的烤箱中烘烤，直至将牙签插入玉米面包的中心 15到20分钟后就干净了。

72. S意大利面条肉丸派

品牌：4-6

原料：

- 1 - 26 盎司一袋牛肉丸子
- 1/4 杯 切碎的青椒
- 1/2 杯切碎的洋葱
- 1 - 8 盎司包意大利面
- 2 个鸡蛋，稍微打散
- 1/2 杯 磨碎的帕尔马干酪
- 1-1/4 杯 马苏里拉奶酪丝
- 26 盎司。罐装厚实意大利面酱

指示：

a) 将烤箱预热至 375°F。将辣椒和洋葱炒至变软，大约需要 10 分钟。搁置。
b) 煮意大利面，沥干并用冷水冲洗并拍干。放入大搅拌碗中。
c) 加入鸡蛋和帕尔马干酪，搅拌混合。将混合物压入已喷涂的 9 英寸馅饼盘的底部。上面放 3/4杯切碎的马苏里拉奶酪。将冷冻肉丸用微波炉解冻 2 分钟。
d) 将每个肉丸切成两半。将肉丸的两半铺在奶酪混合物上。将意大利面酱与煮熟的辣椒和洋葱混合。
e) 用勺子浇在肉丸层上。松松地盖上箔纸并烘烤 20 分钟。
f) 从烤箱中取出，在意大利面酱混合物上撒上 1/2 杯马苏里拉奶酪。
g) 不盖盖子继续烘烤 10 分钟，直至起泡。切成楔形即可食用。

73. 芝麻菠菜面饼

做 4 份

- 3/4 杯芝麻酱（芝麻酱）
- 3 瓣蒜，粗切碎
- 3汤匙醇厚的白味噌酱
- 3汤匙新鲜柠檬汁
- 1/4 茶匙 辣椒粉
- 1杯水
- 8 盎司扁面条，分成三份
- 9 盎司新鲜菠菜
- 1汤匙烤芝麻油
- 2汤匙芝麻

指示：

a) 将烤箱预热至 350°F。在食品加工机中，将芝麻酱、大蒜、味噌、柠檬汁、辣椒和水混合，搅拌至光滑。搁置。

b) 将扁面条放入装有沸腾盐水的大锅中，不时搅拌，直至变得有嚼劲，大约需要 10 分钟。加入菠菜，搅拌约 1 分钟直至枯萎。

c) 沥干水分，然后放回锅中。加入油和芝麻酱，搅拌均匀。

d) 将混合物转移到 9 英寸深盘馅饼盘或圆形烤盘中。撒上芝麻，烤至热，大约20分钟。立即上菜。

74. 我意大利面条馅饼

份量：4份

原料：
- 6 盎司 意大利面条
- 2汤匙黄油或人造黄油
- ⅓ 杯磨碎的帕尔马干酪
- 2 个打散的鸡蛋
- 1 杯干酪
- 1磅碎牛肉或散装猪肉香肠
- ½ 杯 切碎的洋葱
- ¼ 杯 切碎的青椒
- 1罐（8盎司）西红柿，压碎
- 1罐（6盎司）番茄酱
- 1茶匙糖
- 1 茶匙 干牛至，压碎
- ½ 茶匙 蒜盐
- ½ 杯 马苏里拉奶酪丝

指示：

a) 煮意大利面并沥干 - 将黄油或人造黄油搅拌到热意大利面中。拌入帕尔马干酪和鸡蛋。将意大利面混合物放入涂有黄油的 10 英寸馅饼盘中，形成饼皮。

b) 将干酪涂在意大利面皮的底部。在煎锅中煮碎牛肉、洋葱和青椒，直到蔬菜变软、肉变成棕色。

c) 排出多余的脂肪。加入未沥干的西红柿、番茄酱、糖、牛至和盐。彻底加热。将肉混合物变成外壳。

d) 不盖盖子在350度烤箱中烘烤20分钟。撒上马苏里拉奶酪。烘烤 5 分钟或直至奶酪融化。

75. 玉米饼

份量：8 份

原料：
- ½ 杯人造黄油或其他起酥油
- 1 茶匙 香草
- 1 杯 牛奶或代乳品
- 3 个鸡蛋，或 1 个全蛋和 3 个蛋白
- 1 杯面粉
- 1茶匙发酵粉
- 1 少许 盐（可选）
- 2 罐（16 盎司）奶油玉米

指示：

a) 添加除玉米以外的所有成分并搅拌均匀。
b) 加入玉米，混合。
c) 以 350 度烘烤约一小时直至变硬。

辣馅饼

76. 老式焦糖派

制作：1 - 9 英寸馅饼

原料：
- 1 个（9 英寸）馅饼壳，烘烤
- 1杯白糖
- ⅓ 杯通用面粉
- ⅛ 茶匙盐
- 2杯牛奶
- 4个大蛋黄 蛋黄，打散
- 1杯白糖

路线

a) 在一个中型平底锅中，将 1 杯糖、面粉、盐、牛奶和蛋黄混合在一起，搅拌至光滑。用中火煮至浓稠且起泡，不断搅拌。起锅备用。

b) 将剩余的 1 杯糖撒入 10 英寸铸铁煎锅中。用中火煮，不断搅拌直至糖焦糖化。

c) 从火上移开并小心地倒入温热的奶油混合物中。搅拌至光滑。将混合物倒入糕点中。完全冷却并与生奶油一起食用

77. 肉桂糖苹果派

品牌：10

原料：
- 2-1/2 杯 通用面粉
- 1/2 茶匙盐
- 1-1/4 杯 冷猪油
- 6 至 8 汤匙 2% 冷牛奶

填充：
- 2-1/2 杯糖
- 1茶匙肉桂粉
- 1/2 茶匙 姜末
- 9杯切成薄片的去皮酸苹果（约9个中等大小）
- 1汤匙波本威士忌，可选
- 2汤匙通用面粉
- 少许盐
- 3汤匙冷黄油，切块
- 1汤匙2%牛奶
- 2茶匙粗糖

路线

a) 在一个大碗中，混合面粉和盐；加入猪油切成碎块。逐渐加入牛奶，用叉子搅拌，直到面团按压时粘在一起。将面团分成两半。将每个形状形成一个圆盘；用塑料包裹。冷藏1小时或过夜。

b) 制作馅料时，在一个大碗中混合糖、肉桂和生姜。添加苹果并搅拌均匀。覆盖;静置 1 小时，让苹果释放出汁液，偶尔搅拌。

c) 沥干苹果，保留糖浆。将糖浆和波本威士忌（如果需要）放入小锅中；煮滚。减少热量；不盖盖子，小火煮 20-25 分钟，或直至混合物稍微变稠并变成中等琥珀色。远离热源；完全冷却。

d) 将烤箱预热至400°。将沥干的苹果与面粉和盐一起搅拌。在撒了少许面粉的表面上，将一半面团擀成 1/8 英寸厚的圆形；转移到 10 英寸。铸铁或其他耐热深煎锅。将糕点与边缘一起修剪。添加苹果混合物。将冷却的糖浆倒在上面；点上黄油。

e) 将剩余的面团擀成 1/8 英寸厚的圆形。放在填充物上。修剪、密封 和凹槽边缘。在顶部切开缝。将牛奶刷在糕点上；撒上粗糖。放在衬有箔纸的烤盘上。烤20分钟。

f) 将烤箱温度降低至 350°。再烘烤 45-55 分钟，或直至外皮呈金黄色且馅料起泡。放在金属架上冷却。

78. 脏煎锅咸焦糖苹果派

份量：7 份

原料：

馅饼皮（制作 2 个饼皮）：
- 2 ½ 杯通用面粉
- 1 茶匙犹太盐
- 1汤匙砂糖
- ½ 磅冷无盐黄油
- 1杯冷水
- ¼ 杯苹果醋

焦糖（足够做 2 个馅饼）：
- 1 杯砂糖
- ¼ 杯无盐黄油
- ½ 杯浓奶油
- ½ 茶匙海盐

苹果派馅料（足够 1 个派）：
- 3磅青苹果
- 1汤匙砂糖
- 柠檬汁，根据需要（约 ¼ 杯）
- 2-3 滴安古斯图拉苦酒
- ⅓杯生糖
- 1/4 茶匙肉桂粉
- ¼ 茶匙 多香粉粉
- 一小撮新鲜磨碎的肉豆蔻
- 1/4 茶匙粗盐

- 2汤匙通用面粉
- 2汤匙玉米淀粉
- 鸡蛋1个（洗蛋用）
- 原料中加糖，最后完成

指示：

对于馅饼皮：

a) 在碗中搅拌面粉、盐和糖。
b) 使用奶酪刨丝器将冷黄油磨碎到面粉混合物中。
c) 另外，将水和醋混合在一个小碗中。保持寒冷。
d) 用手搅拌，每次慢慢地将 2 汤匙水/醋混合物加入面粉混合物中，直至混合。一些
e) 可能会残留干碎片；这没关系。
f) 将面团分成两部分，并分别用保鲜膜包裹每一部分。放入冰箱冷藏至少一个小时或过夜。
g) 将冷冻馅饼面团的一部分（每一部分都是一层皮）分别擀到撒有少许面粉的表面上。
h) 将卷好的饼皮放入已涂油的 9 英寸馅饼盘中。

对于焦糖：

i) 在平底锅中，用小火融化糖。不要让它燃烧。
j) 糖融化后，从火上移开。加入黄油搅拌。
k) 加入浓奶油和海盐搅拌。
l) 使它冷却。

苹果派馅料：

m) 苹果去皮、去核并切碎。放入 8 夸脱的容器中。将每块与柠檬汁和一汤匙砂糖搅拌。
n) 在苹果上撒上苦味剂、生肉桂粉中的糖、五香粉、肉豆蔻、粗盐、通用面粉和玉米淀粉。
o) 搅拌均匀。
p) 将苹果紧紧地放入准备好的馅饼壳中，将苹果稍微堆在中间。
q) 将 3/4 杯冷却的焦糖酱均匀地倒在苹果上。
r) 将剩余的馅饼皮面团擀成馅饼的顶部皮；如果需要的话，创建一个格子。将两个馅饼皮的边缘压在一起。
s) 烘烤前将馅饼冷却 10-15 分钟。
t) 400度烤20分钟；375度再烤30分钟。如果烘烤时馅饼的一侧变黑，请务必旋转馅饼。
u) 食用前冷却 2-3 小时。切成7片。

79. 蛋酒冻糕派

份量：6 份

原料：
- 1 包柠檬味明胶
- 1 杯热水
- 1 品脱香草冰淇淋
- ¼ 茶匙 肉豆蔻
- 3/4 茶匙朗姆酒调味料
- 2 打散的蛋黄
- 2 打发的蛋白
- 4 至 6 个烤糕点挞皮
- 鲜奶油糖果装饰物

指示：

a) 将明胶溶解在热水中。

b) 将冰淇淋切成6块，加入明胶，搅拌至融化。冷却直至部分凝固。

c) 添加肉豆蔻和调味品。

d) 拌入蛋黄，拌入蛋清。

e) 倒入冷却的挞皮中，冷藏至凝固。

f) 上面涂上生奶油，撒上糖果装饰物。

80. 南瓜香料提拉米苏派

制作：一个9英寸的馅饼

原料：
- 1 ½ 杯浓奶油
- 2个大鸡蛋，分开
- ⅓杯加1汤匙糖
- 1 杯马斯卡彭奶酪，室温
- ½ 杯罐装南瓜泥
- 1 ½ 茶匙南瓜派香料
- 1 ½ 杯在室温下煮好的浓缩咖啡
- 5.3 盎司装的手指饼干
- 苦甜或半甜巧克力，用于剃须

指示：

a) 在装有搅拌器附件的立式搅拌机的碗中，以中高速搅拌奶油，直至形成硬性峰；转移到一个小碗中并冷藏。

b) 在配有清洁的搅拌器附件的立式搅拌机的清洁碗中，高速搅打蛋白，直至形成软峰。加入1汤匙糖，搅打至形成硬性发泡；转移到一个小碗里。

c) 将蛋黄和剩余 ⅓ 杯糖放入装有清洁搅拌器附件的立式搅拌机的干净碗中，高速搅拌直至变稠并呈浅黄色。将马斯卡彭干酪、南瓜泥、南瓜派香料和三分之一的鲜奶油轻轻拌入蛋黄混合物中。轻轻拌入搅打好的蛋白并冷藏。

d) 将浓缩咖啡放在浅盘上。将手指饼干两面浸入浓缩咖啡中，然后将其放入 9 英寸的馅饼盘中，使其与底部完全对齐。上面放上一半的南瓜混合物、更多的意式浓缩手指饼干和剩余的南瓜混合物。在馅饼上撒上剩余的鲜奶油和巧克力屑。冷藏 8 小时或过夜，直到可以食用。

81. 肉桂面包馅饼

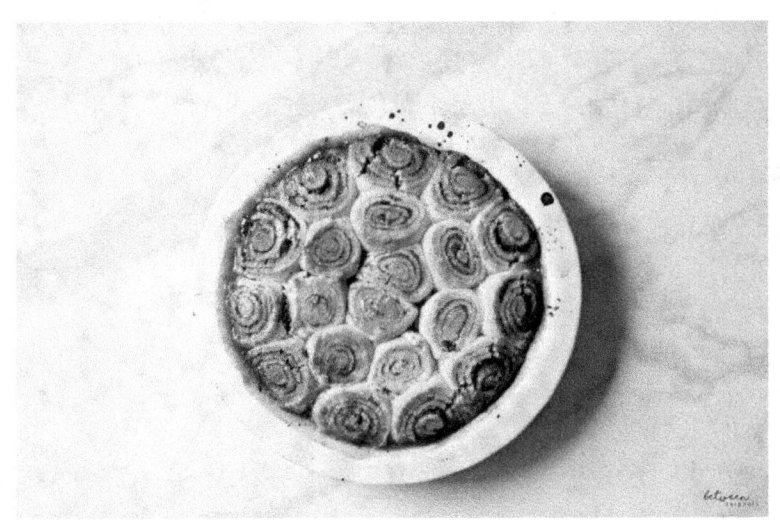

制作 1 个（10 英寸）馅饼；供 8 至 10 人食用

原料：
- ½ 份 发酵过的母面团
- 30 克面粉，用于撒粉 [3 汤匙]
- 80 克 棕色黄油 [¼ 杯]
- 1 份液体芝士蛋糕
- 60 克 淡红糖 [¼ 杯 紧密包装]
- 1 克 粗盐 [¼ 茶匙]
- 2 克 肉桂粉 [1 茶匙]
- 1 份肉桂糖粉奶油细末

路线

a) 将烤箱加热至 350°F。

b) 将醒好的面团压扁并压平。

c) 取一小撮面粉，将其扔到光滑干燥的台面表面，就像在水上跳过一块石头一样，轻轻地覆盖台面。再取一小撮面粉，在擀面杖上轻轻撒上灰尘。使用擀面杖将压扁的圆形面团压平，然后用擀面杖将面团擀开或用手将面团展开，就像从头开始制作披萨一样。您的最终目标是创建一个直径约为 11 英寸的大圆。将 10 英寸馅饼罐放在附近以供参考。 11 英寸的圆形面团厚度应为 1/4 至 1/2 英寸。

d) 轻轻地将面团放入馅饼罐中。交替用手指和手掌将面团压紧到位。将馅饼罐放在平底锅上。

e) 用勺子背面将一半棕色黄油均匀地涂在面团上。
f) 用另一个勺子的背面（你不想在奶油白色芝士蛋糕层中加入棕色黄油！）将一半的液体芝士蛋糕均匀地涂在棕色黄油上。将剩余的棕色黄油均匀地涂在液体芝士蛋糕上。
g) 将红糖撒在棕色黄油上。用手背将其压实，以帮助其固定到位。然后均匀地撒上盐和肉桂粉。
h) 现在是最棘手的层：剩下的液体芝士蛋糕。保持凉爽，并尽可能轻轻地涂抹，以获得尽可能均匀的层。
i) 将糖粉奶油细末均匀地撒在芝士蛋糕层上。用手背固定糖粉奶油细末。
j) 将馅饼烤 40 分钟。饼皮会膨胀并呈棕色，液体芝士蛋糕会变硬，糖粉奶油细末配料会嘎吱作响并呈棕色。40分钟后，轻轻摇动锅。馅饼的中心应该稍微摇晃。馅料应朝向馅饼罐的外边界。如果一些馅料溢出到下面的平底锅上，请不要担心 - 将其视为稍后的零食。如有必要，再烘烤 5 分钟，直到馅饼符合上述描述。
k) 将馅饼放在金属架上冷却。储存时，将馅饼完全冷却并用保鲜膜包裹好。在冰箱里，馅饼可以保鲜3天（饼皮很快就会变质）；放在冰箱里，可以保存1个月。
l) 当您准备好享用馅饼时，请记住，最好趁热吃！将每片切片并用微波炉加热 30 秒，或将整个馅饼在 250°F 的烤箱中加热 10 至 20 分钟，然后切片并食用。

82. 燕麦肉桂冰淇淋

约 1 夸脱

原料：

- 空白冰淇淋底座
- 1 杯燕麦
- 1汤匙肉桂粉

指示：

a) 根据说明准备空白底座。

b) 在小煎锅中用中火将燕麦和肉桂混合。烘烤，定期搅拌 10 分钟，或直至变成棕色并散发出芳香。

c) 浸泡时，将烤肉桂和燕麦从炉子上取下后加入到底座中，浸泡约 30 分钟。使用设置在碗上的网状过滤器；过滤固体，压透以确保获得尽可能多的调味奶油。可能会出现一点燕麦果肉，但没关系——它很美味！保留燕麦片固体用于燕麦片食谱！

d) 您会因吸收而损失一些混合物，因此这款冰淇淋的成分会比平常略少。

e) 将混合物存放在冰箱中过夜。当您准备好制作冰淇淋时，再次用浸入式搅拌机将其搅拌直至光滑且呈奶油状。

f) 倒入冰淇淋机中并根据制造商的说明进行冷冻。储存在密封容器中并冷冻过夜。

83. 阿玛雷托椰子派

制作：1 - 9 英寸馅饼

原料：

- 1/4杯黄油；或人造黄油，软化的
- 1 杯 糖
- 2个大鸡蛋
- 3/4 杯牛奶
- ¼ 杯 苦杏酒
- ¼ 杯自发面粉
- ⅔ 杯 椰子片

指示：

a) 将黄油和糖打匀。电动搅拌机的速度，直至变得轻盈蓬松。添加鸡蛋；打得好。
b) 加入牛奶、杏仁酒和面粉，搅拌均匀。
c) 拌入椰子。将混合物倒入涂有少许油脂的 9 英寸馅饼盘中。
d) 350~烤35分钟。或直至设定。放在金属架上完全冷却。

84. 阿米什奶油馅饼

份量：1 份

原料：

- ⅓杯 糖
- 2茶匙 面粉
- ½ 茶匙 盐
- 3 蛋
- 3 杯 牛奶
- 1/4 茶匙 肉豆蔻
- 1 9英寸未烘烤的馅饼壳

指示：

a) 将糖、面粉、盐和鸡蛋混合，搅拌至光滑。将牛奶加热至沸点。

b) 将 1 杯热牛奶加入鸡蛋混合物中。将其倒入剩余的热牛奶中。

c) 倒入未烘烤的馅饼壳中。在上面撒上肉豆蔻。在 350 华氏度下烘烤 45-60 分钟。

百日咳派

85. 提拉米苏百日咳派

份量：6 份

原料：

饼干：

- 2 杯杏仁粉
- 3汤匙无味乳清蛋白
- ½ 杯罗汉果颗粒甜味剂
- 2 茶匙发酵粉
- ½ 茶匙小苏打
- ½ 茶匙盐
- ½ 杯黄油，切成小方块
- ½ 杯低碳水化合物糖替代品或 ½ 杯您最喜欢的低碳水化合物甜味剂
- 2个大鸡蛋
- 1茶匙香草精
- ½ 杯全脂酸奶油
- 撒粉用可可粉

填充：

- ¼ 杯冷浓缩咖啡或浓咖啡
- 1汤匙黑朗姆酒（可选）或与您选择的酒混合
- 8盎司马斯卡彭奶酪
- 2汤匙低碳水化合物糖替代品
- 盐少许
- ½ 杯浓奶油

- 2茶匙香草精
- 2 茶匙黑朗姆酒（可选）或与您选择的酒混合

指示：

a) 将烤箱预热至 350 °F。在百日饼盘上喷上不粘喷雾剂。

b) 将杏仁粉、蛋白粉、红糖甜味剂、泡打粉、小苏打和盐放入碗中混合。搁置。

c) 用搅拌机中高速搅拌黄油和糖，直至呈奶油状；约2分钟。加入鸡蛋和 1 茶匙香草精，搅拌直至混合。刮掉碗的两侧。加入酸奶油，然后干燥混合物。

d) 用小茶匙将面糊舀入每个百日咳馅饼模具中，填充约 / 的空间。将一些可可粉放入小过滤器中，然后在每个面糊勺的顶部撒上一点可可粉。

e) 烘烤约 10-12 分钟，直至边缘呈金黄色。

f) 在金属架上冷却约 10 分钟，然后从锅中取出饼干并让其冷却。

g) 冷却后，将饼干倒置在架子上。

h) 在一个小碗中混合浓缩咖啡和 3 汤匙黑朗姆酒。在每块饼干的底部涂上约 1/4 茶匙的浓缩咖啡液。

i) 用搅拌机将马斯卡彭奶酪、低碳水化合物代糖、盐、浓奶油香草和 1 吨黑朗姆酒搅拌至光滑。将一些马斯卡彭奶酪混合物舀到巧克力饼干上。将另一半饼干放在上面。

j) 立即食用或放入冰箱。

86. 糖蜜百日咳派

份量：1 份

原料：
- 2个蛋
- 2 杯 红糖
- 1 杯 糖蜜
- 1 杯人造黄油
- 1½ 杯 甜牛奶
- 4 茶匙 小苏打
- ½ 茶匙 姜
- ½ 茶匙 肉桂
- ½ 茶匙 丁香
- 5 杯 面粉
- 2个蛋清
- 2 茶匙 香草
- 4汤匙面粉
- 2汤匙牛奶
- 1½ 杯植物油
- 1 磅 10 x 糖

指示：

a) 奶油起酥油、糖和鸡蛋。添加糖蜜、牛奶和干配料。

b) 一勺一勺地倒在烤盘上。烘烤 350 度 8-10 分钟。馅料：将蛋白打至硬性发泡。

c) 加入香草精、面粉和牛奶。搅拌均匀并加入起酥油和糖。

d) 当饼干冷却后,将馅料涂在两个饼干上,然后放在一起。

87. 燕麦百日咳派

份量：1 份

原料：

- 2 杯 红糖
- 3/4 杯起酥油
- 2个蛋
- ½ 茶匙 盐
- 1 茶匙 肉桂
- 1茶匙发酵粉
- 1茶匙小苏打
- 3汤匙开水
- 2½ 杯 面粉
- 2 杯 燕麦片
- 2 个蛋清，打散
- 2 茶匙 香草
- 4汤匙面粉
- 2 汤匙 10X 糖
- 4汤匙牛奶
- 1½ 杯 Crisco 固体起酥油
- 4 杯 10X 糖

指示：

a) 奶油红糖和起酥油。加入鸡蛋并搅拌。加入盐、肉桂和泡打粉。将小苏打溶解在沸水中并添加到混合物中。加入面粉和燕麦片。用勺子舀到涂有油脂的烤盘上，在 350 度的温度下烘烤 8 到 10 分钟。完全冷却。

b) 填充，使用下面的填充。做三明治饼干。搅打蛋白，加入香草精、4 汤匙面粉、2 汤匙 10X 糖和牛奶。

c) 添加起酥油并搅拌均匀。添加 4 杯 10X 糖并再次搅拌。

d) 做三明治。

锅馅饼

88. <u>蘑菇小牛肉馅饼</u>

份量：4 份

原料：
- 1磅炖小牛肉
- 3汤匙通用面粉
- 1/4 茶匙 盐
- ½ 茶匙胡椒粉
- 1汤匙植物油
- 1 个洋葱，切碎
- 1 瓣蒜，切碎
- 2 根胡萝卜，切碎
- 3 杯 蘑菇，切片
- ½ 茶匙 干鼠尾草
- 2 杯 牛肉高汤
- 2 汤匙 干苦艾酒 [optl]
- 1汤匙番茄酱
- 1 茶匙 伍斯特沙司
- 1 杯 冷冻豌豆
- 1¼ 杯 通用面粉
- 1 汤匙 新鲜欧芹，切碎
- 2茶匙发酵粉
- 3/4 茶匙小苏打
- 捏盐
- 捏辣椒

- 3汤匙黄油，冷的
- 3/4 杯原味低脂酸奶

指示：

a) 修剪小牛肉；切成一口大小的块。在塑料袋中，将面粉、盐和一半胡椒粉混合。将小牛肉拌入面粉混合物中，如有必要，分批拌匀。

b) 在大而深的不粘锅中，用中高温加热一半的油；分批将肉煎成棕色，必要时添加剩余的油。转移到盘子上；搁置。

c) 将洋葱、大蒜、胡萝卜、蘑菇、鼠尾草和 1 汤匙水放入煎锅中搅拌；边搅拌边煮约 7 分钟或直至呈金黄色且水分蒸发。

d) 加入 ⅔ 杯水、高汤、苦艾酒、番茄酱、伍斯特郡、剩余的胡椒和保留的肉。煮沸；关小火，盖上锅盖，小火煮 1 小时，偶尔搅拌。

e) 揭露;煮约 15 分钟或直至肉变软且酱汁变稠。拌入豌豆；冷静。倒入8寸方形烤盘中。

f) 轻质饼干配料：在大碗中，将面粉、欧芹、泡打粉、小苏打、盐和胡椒搅拌在一起；加入黄油，直到混合物看起来像粗面包屑。一次性加入酸奶；用叉子搅拌成柔软、略粘的面团。

g) 在撒有少许面粉的表面上，轻轻揉捏面团 8 次或直至光滑。

h) 轻轻地将面团擀成8英寸见方的面片。切成16个相等的正方形。排成 4 行放在小牛肉混合物上。

i) 在 450 华氏度 230 摄氏度的烤箱中烘烤 25-30 分钟，或直至起泡、外皮呈金黄色，轻轻提起时饼干在下面煮熟。

j) 与炒西葫芦一起食用。

89. 切达鸡肉馅饼

份量：6 份

原料：

脆皮
- 1 杯低脂烘焙混合物
- ¼ 杯 水

填充
- 1½ 杯 鸡汤
- 2 杯土豆，去皮，
- 立方体
- 1 杯 胡萝卜，切片
- ½ 杯芹菜，切片
- ½ 杯 洋葱，切碎
- ½ 杯 青椒，切碎
- ¼ 杯 未漂白面粉
- 1½ 杯 脱脂牛奶
- 2 杯 脱脂切达干酪 -- 磨碎
- 4 杯 鸡肉，去皮轻肉
- 煮熟并切块
- 1/4 茶匙 家禽调味料

指示：

a) 将烤箱预热至 425 度。准备面包皮时，将 1 杯烘焙混合物和水混合，直至形成柔软的面团；用力地敲打。在撒了面粉的表面轻轻地将面团揉成球状。揉5次。请遵循相应的地壳指示。准备馅料时，在平底锅中加热肉汤。

b) 加入土豆、胡萝卜、芹菜、洋葱和青椒。煮 15 分钟或直至全部变软。将面粉与牛奶混合。搅拌入肉汤混合物中。用中火煮并搅拌直至稍微变稠。加入奶酪、鸡肉和家禽调味料。加热直至奶酪融化。用勺子舀入 2 夸脱的砂锅中。将外壳放在砂锅中的馅料上。密封边缘。在饼皮上切缝以供蒸汽。

c) 烘烤 40 分钟或直至呈金黄色。

90. <u>农家猪肉锅饼</u>

份量：6 份

原料：
- 2 个洋葱，大的，切碎
- 2根胡萝卜，大的，切片
- 1 个卷心菜头，小，切碎
- 3杯猪肉，煮熟，切丁
- 加盐调味
- 1 个 9 英寸馅饼的糕点
- ¼ 杯 黄油或人造黄油
- 2 个土豆，大的，切丁
- 1罐鸡汤（14盎司）
- 1 汤匙 安古斯图拉芳香苦精
- 白胡椒适量
- 2 茶匙 香菜籽

指示：

a) 1. 将洋葱放入黄油中炒至金黄色。2.加入胡萝卜、土豆、卷心菜、肉汤、猪肉和苦精；盖上锅盖，煮约 30 分钟，直至卷心菜变软。

b) 3.加盐和白胡椒调味。4. 准备糕点，加入香菜籽。5. 在撒了少许面粉的板上将面团擀成⅛英寸厚；切出六个 6 英寸的圆圈，放在六个 5 英寸的馅饼盘上。6. 将馅料均匀地分配到馅饼盘中；上面放上面包皮，让糕点悬挂在锅边 1/2

英寸处。7.在每个馅饼的中心切一个十字；拉回糕点点以打开馅饼的顶部。

c) 在预热的 400'F 中烘烤。烤箱烤 30 至 35 分钟，或直至外皮呈棕色且馅料起泡。

91. <u>龙虾锅饼</u>

份量：6 份

原料：

- 6汤匙黄油
- 1 杯 切碎的洋葱
- ½ 杯 切碎的芹菜
- 盐;去尝尝
- 现磨白胡椒；去尝尝
- 6 汤匙 面粉
- 3杯海鲜或鸡汤
- 1 杯 牛奶
- 2杯土豆丁；漂白的
- 1杯胡萝卜丁；漂白的
- 1 杯 甜豌豆
- 1 杯 烤火腿丁
- 1磅龙虾肉；煮熟，切丁
- ½ 杯水 -;（至 1 杯）
- ½ 食谱 基本美味馅饼皮
- 擀成盘子大小

指示：

a) 将烤箱预热至375度。在长方形玻璃烤盘上涂上油脂。在一个大煎锅中，融化黄油。加入洋葱和芹菜，炒2分钟。

b) 用盐和胡椒调味。拌入面粉，煮约 3 至 4 分钟，制成金色肉酱。
c) 搅拌高汤并将液体煮沸。转小火继续煮 8 至 10 分钟，或直到酱汁开始变稠。加入牛奶搅拌，继续煮4分钟。
d) 用盐和胡椒调味。从火上移开。加入土豆、胡萝卜、豌豆、火腿和龙虾。用盐和胡椒调味。充分混合馅料。如果馅料太稠，加一点水稀释馅料。
e) 将馅料倒入准备好的平底锅中。将饼皮放在馅料的顶部。
f) 小心地将重叠的外壳塞入锅中，形成厚边。卷曲平底锅的边缘并放在烤盘上。
g) 用一把锋利的刀在饼皮顶部划几道口子。将盘子放入烤箱烘烤约 25 至 30 分钟，或直至外皮呈金黄色酥脆。
h) 从烤箱中取出并冷却 5 分钟即可食用。

92. 牛排锅馅饼

份量：4 份

原料：

- 1 杯 切碎的洋葱
- 2汤匙人造黄油
- 3汤匙通用面粉
- 1½ 杯 牛肉汤
- ½ 杯 A 1 Original 或 A.1 Bold & Spicy 牛排酱
- 3杯切块熟牛排（约
- 1 1/2 磅）
- 1 16 盎司。包装。冷冻西兰花、花椰菜和胡萝卜混合物
- 准备 1 个硬皮馅饼的糕点
- 1 个鸡蛋，打散

指示：

a) 在 2 夸脱的平底锅中，用中火将人造黄油煮洋葱直至变软。

b) 加入面粉搅拌；再煮1分钟。加入肉汤和牛排酱；煮并搅拌直至混合物变稠并开始沸腾。拌入牛排和蔬菜。将混合物倒入 8 英寸方形玻璃烤盘中。

c) 擀开并切开糕点皮以适合盘子。将外壳密封到盘子边缘；刷上鸡蛋。切开地壳顶部以通风。

d) 在 400°F 的温度下烘烤 25 分钟或直至外皮呈金黄色。

e) 立即上菜。根据需要装饰。

93. 亚洲鸡肉馅饼

份量：1 份

原料：

- 4 块 6 盎司去骨去皮鸡胸肉
- ½ 茶匙 中国黑醋
- 1 头西兰花
- ½ 磅 荸荠
- 1个大胡萝卜
- 1 茎芹菜
- 小白菜1个
- 2汤匙橄榄油
- 2汤匙玉米淀粉
- ½ 茶匙 中式 5 种香料
- 盐和胡椒粉调味
- 3 瓣蒜，切碎
- 2汤匙切碎的洋葱
- 1 茶匙 切碎的生姜
- 1 杯 鸡汤
- 8片酥皮面团
- 2汤匙融化的黄油
- 1汤匙切碎的韭菜
- 4 大迷迭香小枝

指示：

a) 将鸡肉切成2英寸长的条。将所有蔬菜切成2英寸长的条并焯水。在一个大煎锅中，用高火，用醋炒鸡肉条。加入玉米淀粉。用 5 种香料粉、盐和胡椒调味。加入大蒜、洋葱和姜。炒5至6分钟。加入鸡汤和蔬菜。煮8到10分钟。检查调味料。

b) 寒意。将四片 1/2 英寸的菲洛面团分层，在面团之间刷上黄油，然后放入 4 英寸的馅饼罐中。对四个平底锅重复此过程。将鸡肉混合物均匀地分配在每个平底锅上。添加韭菜。将角折到中心。在400度烤箱中烘烤12分钟。

c) 立即转移到盘子中，并用迷迭香小枝装饰。

肉馅饼

94. 百利甜馅饼

制作：9-12 个馅饼

原料：

- 200克普通面粉，另加额外的面粉
- 100克黄油，冷藏并切成方块
- 1茶匙细砂糖
- 1 个中等散养鸡蛋，轻轻打散
- 1 汤匙 百利甜原味
- 250克优质肉末
- 2汤匙牛奶用于刷牙

百利甜酱

- 75克黄油，软化
- 75克糖粉，另加额外的糖粉用于撒粉
- 2 汤匙 百利甜原味

指示：

a) 将面粉放入一个大搅拌碗中，然后加入冷冻黄油块。用指尖将黄油揉入面粉中，直到混合物看起来像面包屑。加入糖搅拌，然后加入鸡蛋，快速将混合物混合在一起，形成柔软的面团。如果看起来很干，请加一点冷水。将面团包上保鲜膜，冷藏30分钟。

b) 将烤箱加热至 180°C 风扇/燃气 6. 将百利甜酒混入肉末中，放在一边。

c) 在撒了少许面粉的表面上，将糕点擀开，并切出 9-12 个足够大的圆圈，以排列在罐头的孔上。使用一小团备用糕点将它们轻轻地压入孔内。从剩余的糕点上切出 9-12 个较小的圆形、星形或节日形状作为盖子。

d) 在每个馅饼中放入大约一汤匙肉末。在每个盖子的下边缘刷上一点牛奶，然后将盖子放在馅饼上。将糕点边缘压在一起以密封它们。在每个馅饼的顶部再刷上一点牛奶，然后用一把小锋利的刀在每个密封的肉馅饼的顶部切一个X，以允许蒸汽逸出。

e) 将肉馅饼放入烤箱烘烤 15-20 分钟直至呈金黄色。让它们在罐中冷却 5 分钟，然后小心地将它们移到金属架上完全冷却。

f) 制作百利甜黄油，将 75 克黄油搅打至柔软光滑，加入糖粉和百利甜，再次搅拌。在肉馅饼上撒上糖粉，然后与奶油百利甜黄油一起食用。

95. 苹果肉馅饼

制作：1 份

原料：

- 1 个 9 英寸馅饼壳，未烘烤
- ¼ 杯通用面粉
- ⅓ 杯糖
- ⅛ 茶匙 盐
- 1 汤匙人造黄油或黄油
- ¼ 杯 水
- 2 汤匙红肉桂糖
- 2 罐（9 盎司）肉末，准备好
- 3 个苹果，馅饼

指示：

a) 准备馅饼皮。将烤箱加热至 425 F。将 2 汤匙面粉撒在衬有糕点的馅饼盘中。将剩余的面粉、糖、盐和人造黄油混合至易碎。加热水和肉桂糖，搅拌直至糖果溶解。将肉末铺在糕点上。

b) 将苹果削皮，切成四份；切成楔形，外侧厚 ½ 英寸。用两圈重叠的苹果角盖住肉末；撒上糖混合物。将肉桂糖浆舀在上面，尽可能多地润湿糖混合物。

c) 用 2 至 3 英寸的铝箔条覆盖边缘，以防止过度褐变；烘烤最后 15 分钟时除去箔纸。烘烤 40 至 50 分钟，直至外皮呈金黄色。

96. 苹果糖粉奶油细末馅饼

制作： 1 个馅饼

原料：

- 1个未烘烤的糕点壳； 9英寸
- 3 个苹果；削皮，切成薄片
- ½ 杯面粉；未经筛选的
- 3汤匙面粉；未经筛选的
- 2汤匙人造黄油；或黄油，融化
- 1 罐 无此类肉末 即用型
- 1/4杯红糖；包装牢固
- 1 茶匙 肉桂粉
- ⅓杯人造黄油；或黄油，冷的
- 1/4 杯坚果；切碎的

指示：

a) 在大碗中，将苹果与 3 汤匙面粉和融化的人造黄油拌匀；放入糕点壳中。上面撒上肉末。在中等大小的碗中，将剩余的 ½ 杯面粉、糖和肉桂混合；将冷人造黄油切至易碎。添加坚果；撒在肉末上。

b) 425烤箱下半部分烤10分钟。将烤箱温度降低至375；再烤 25 分钟或直至金黄。凉爽的。

97. 蔓越莓肉馅饼

份量：6 份

原料：

- ⅔ 杯 糖
- 2汤匙玉米淀粉
- ⅔ 杯水
- 1½ 杯 新鲜蔓越莓，冲洗干净
- 1 x 糕点 2 个饼皮
- 每个罐子 1 个备用肉末
- 每个蛋黄 1 个，与 2 吨水混合

指示：

a) 在平底锅中加入糖和玉米淀粉，加水。用高火，煮并搅拌直至沸腾。加入蔓越莓，再次煮沸。减少热量，煮 5 至 10 分钟，偶尔搅拌。

b) 将肉末放入铺有糕点的 9 或 10 英寸馅饼盘中。上面放上蔓越莓。

c) 盖上通风的顶部外壳；密封和凹槽。将鸡蛋混合物刷在外壳上。

d) 在烤箱下半部以 425 度烘烤 30 分钟或直至金黄色。冷却。用蛋奶酒装饰。

e) 拌入 ½ 品脱鲜奶油，搅打。冷却。

98. 柠檬馅饼

份量：1 份

原料：

- 1 杯 Pillsbury's Best 通用面粉，过筛
- ½ 茶匙 盐
- ⅓ 杯起酥油
- 3汤匙冷水
- 9 盎司 Pkg 干肉末；碎成碎片
- 2汤匙糖
- 1 杯水
- 2汤匙Funsten核桃；切碎的
- 2汤匙黄油
- ⅔ 杯 糖
- 2汤匙面粉
- 2个蛋黄
- 1 汤匙 磨碎的柠檬皮
- 2汤匙柠檬汁
- 3/4 杯牛奶
- 2个蛋清

指示：

a) 将皮尔斯伯里最好的通用面粉和盐一起筛入搅拌碗中。

b) 将起酥油切成小豌豆大小。将 3 到 4 汤匙冷水撒在混合物上，同时用叉子轻轻搅拌。

c) 将水添加到最干燥的颗粒中，将块状物推到一边，直到面团湿润到足以粘在一起。形成球状。

d) 压平至 1/2 英寸厚；光滑的边缘。在撒了面粉的表面上擀成比倒置的 9 英寸馅饼大 1.5 英寸的圆圈。松散地放入馅饼中。

e) 折叠边缘形成直立边缘；长笛。不要烘烤。肉末馅料：将干肉末（如果需要，可以用 2 杯准备好的肉末代替干肉末混合物）、糖和水在小平底锅中混合。

f) 煮沸；煮1分钟。凉爽的。加入2汤匙切碎的核桃搅拌。变成铺有糕点的平底锅。将配料倒在肉末上。

g) 在中度烤箱（350 度）中烘烤 45 至 50 分钟。凉爽的。柠檬配料：将黄油、糖和面粉混合；搅拌均匀。

h) 加入蛋黄。加入磨碎的柠檬皮、柠檬汁和 3/4 杯牛奶，搅拌。将蛋白搅打至形成软峰；轻轻拌入混合物中。

99. 果园肉馅饼

份量：8 份

原料：

1块9寸饼皮；未烘烤的

2杯中等大小的苹果；去皮并切碎

1 杯 准备好的肉末

3/4 杯淡奶油

3/4杯红糖；包装的

1/4 汤匙 盐

½ 杯 碎坚果

指示：

a) 在大碗中，将苹果、肉末、奶油、红糖和盐混合。混合均匀。

b) 倒入未烘烤的馅饼壳中；撒上坚果。

c) 以 375° 烘烤 40 至 50 分钟，直至外皮呈金黄色。

100. 酸奶油肉馅饼

份量：10 份

原料：

- 1个9英寸糕点壳；未烘烤的
- 1 包（9 盎司）浓缩肉末；破碎的
- 1杯苹果汁或水
- 1 个中等大小的苹果；去核，去皮，切碎
- 1汤匙面粉
- 2 杯 酸奶油
- 2个蛋
- 2汤匙糖
- 1 茶匙 香草
- 3汤匙坚果；切碎的

指示：

a) 将烤箱预热至425°。在小平底锅中，将肉末和苹果汁混合。

b) 煮滚;快速煮沸1分钟。在中型碗中，将面粉拌入苹果中，裹上苹果；拌入肉末。倒入糕点壳中。烤15分钟。

c) 同时，在小搅拌碗中，将酸奶油、鸡蛋、糖和香草精混合；打至光滑。均匀地倒在肉末混合物上。撒上坚果。返回烤箱；再烘烤 8 至 10 分钟直至凝固。凉爽的。

d) 彻底冷却。根据需要装饰。冷藏剩菜。

结论

馅饼总是个好主意，尤其是在假期期间！感恩节菜单和圣诞甜点总是充满了许多时令馅饼，例如南瓜和酸果蔓橙。但还有其他场合也值得大吃一惊。就像夏季野餐一样，酸橙派和草莓派是令人惊叹的温暖天气甜点。话又说回来，你不需要理由来做自制馅饼。只需将馅饼皮放入冰箱，每当想吃馅饼时，您就可以制作任何一种馅饼食谱！例如，您可能想为周日的晚餐制作巧克力派。或者，为您的聚餐准备山核桃派吧。

www.ingramcontent.com/pod-product-compliance
Lightning Source LLC
Chambersburg PA
CBHW070646120526
44590CB00013BA/851